노후를 기다리는 삶

노후를 기다리는 삶

발행일	2016년 11월 9일		
지은이	심 만 섭		
펴낸이	손 형 국		
펴낸곳	(주)북랩		
편집인	선일영	편집	이종무, 권유선, 안은찬, 김송이
디자인	이현수, 이정아, 김민하, 한수희	제작	박기성, 황동현, 구성우
마케팅	김회란, 박진관		
출판등록	2004. 12. 1(제2012-000051호)		
주소	서울시 금천구 가산디지털 1로 168, 우림라이온스밸리 B동 B113, 114호		
홈페이지	www.book.co.kr		
전화번호	(02)2026-5777	팩스	(02)2026-5747

ISBN   979-11-5987-248-8 03320 (종이책)
        979-11-5987-249-5 05320 (전자책)

이 도서의 국립중앙도서관 출판예정도서목록(CIP)은 서지정보유통지원시스템 홈페이지(http://seoji.nl.go.kr)와 국가자료공동목록시스템(http://www.nl.go.kr/kolisnet)에서 이용하실 수 있습니다.
(CIP제어번호 : CIP2016026576)

어느 CEO가 당신에게만 들려주는 행복한 노후 전략

노후를 기다리는 삶

심만섭 지음

Waiting for the old life

북랩 **book** Lab

100세 시대를 맞이하여 어떻게 노후를 준비할 것인가? 그동안 가정을, 직장을 그리고 사회를 위하여 오로지 앞만 보고 그 누구보다도 열심히 살아왔으니 은퇴 후의 삶은 안락하고 행복해야 한다. 그러나 우리 주위에는 노후 생활을 어렵고 고통스럽게 보내는 사람들이 너무나도 많다. 평생을 바쳐 직장에 충실하고 자녀들 뒷바라지하면서 살아왔지만 정작 자기 자신의 노후준비는 챙기지 못한 사람들이 너무도 많은 것이다. 막연히 '어떻게든 되겠지!' '아직 시간이 많은데' '지금 당장 먹고살기도 바쁜데, 무슨 노후 준비'라는 생각을 하다가 은퇴를 하는 것이다. 앞으로 30~40년간 어떻게 살아갈 것인가? 후회한들 너무 늦다. 노후를 어떻게 준비하냐에 따라 장수는 축복이거나 재앙이 될 것이다. 답은 간단하다. 준비된 자는 축복이 될 수 있고 준비되지 않은 자는 그렇지 않을 것이다. 미리 준비하고 삶의 목표가 명확한 사람에게는 노후생활이 천국처럼 느껴질 수 있지만 그렇지 못한 사람에게는 노후는 지루하고 짜증스런 여생이 된다.

우리나라 노인 관련 3관왕

우리나라가 노인과 관련된 내용으로 OECD 국가 중 1위를 차지하는 것이 세 개나 있다. 첫 번째는 고령화 속도다. 우리나라 전체 인구 중 65세 이상 고령자가 2000년에 이미 7%를 넘어 이미 고령화 사회에 진입했고 2018년에는 14%가 될 것으로 예상된다. 이는 고령사회에 진입한 것을 뜻한다. 7%에서 14%로 늘어나는데 걸리는 시간은 일본은 24년, 미국은 71년, 프랑스는 115년이 걸렸는데 우리나라는 불과 18년이 걸렸다. 이런 현상은 저출산에다 평균수명이 계속 올라가면서 노인이 장수하는데 원인이 있다.

1970년 우리나라 평균수명은 62세였다. 1990년에는 71세, 2010년은 80.8세다. 이러한 추세라면 2030년 90세, 2050년은 100세에 도달할 것이라는 얘기도 있다. 정말 놀라지 않을 수 없다. 모든 것이 100세 시대로 바뀌고 있는데 생각은 70세, 80세에 머물러 있으면 안될 일이다.

두 번째는 노인 빈곤율이다. 빈곤율은 상대적 빈곤을 나타내는 지표로서 65세 이상의 노인 가운데 절반이 빈곤상태로 나타나고 이 수치는 점점 더 올라가고 있다.

세 번째가 노인 자살률이다. 한국보건사회연구원에 의하면 우리나라 인구 10만 명당 노인자살이 2000년 기준, 43.2명이었는데 2010년에는 80.3명으로 십 년 만에 두 배로 늘었다. 통계청에서 발표한 보건복지부 자료에 의하면 최근 5년 동안 노인자살이 2만 439명, 하루평균 11명이나 스스로 목숨을 끊는다는 것을 알 수 있다.

고령화 속도, 노인 빈곤율, 노인 자살률이라는 3관왕은 최근 평균 수명이 늘어 발생한 현상이다. 이전에는 60세 이전에 퇴직하고 10년, 20년 살다가 죽었는데 지금은 80세, 90세가 되어도 죽지 않는 시대가 되어 심각한 사회문제가 대두된 것이다.

통계청이 발표한 '2015 인구 주택 총조사 100세 이상 고령자 조사' 결과에 따르면 2015년 11월 1일 기준, 만 100세 이상 고령자는 3,159명이다. 이는 2010년 1,835명보다 72.2%가 증가한 수치다. 2005년에는 961명이었는데 10년 만에 3배 가량 늘어난 것이다.

정부에서는 2016년부터 정년을 60세로 늘리겠다고 발표했다. 그렇다

하더라도 아무 일 없이 40년을 산다고 생각하면 끔찍한 일이다. 의료기술과 생명공학의 발달로 인해, 미래 보고서에 의하면 인간 수명은 100세를 넘어 120세까지 전망하고 있다. 과학과 의료첨단기술이 발달하여 150세까지 살면서 뇌만 자기 것이고 나머지는 인공장기로 갈아 끼우는, 몸 전체를 기계화하는 SF영화의 시대가 올지도 모를 일이다.

100세 시대를 맞이하여 노후가 즐겁고 행복한 삶을 위해 우리가 준비해야 할 것은 어떤 것들이 있을까. 당장 먹고 살기 어려워 노후를 생각할 겨를도 없는 사람이 많지만 노후는 반드시 준비해야 한다.

첫 번째는 건강이다. 노후 준비하면 가장 먼저 떠올리는 것이 경제적 기반일 수 있겠지만 건강이 우선이다. 이 세상을 다 얻더라도 건강을 잃으면 아무런 소용이 없다. 내가 건강하지 않고는 이 세상 모든 것이 필요 없다.

두 번째가 배우자다. 은퇴 후 누구와 오랜 기간을 함께할 것인가? 자녀는 커서 부모 곁을 떠나고 부부만 남는다. 바로 내 옆에서 죽을 때까지 함께 살아야 하는 영원한 친구는 배우자다. 배우자의 행복이 내 행복인 것이다.

세 번째는 연금 준비다. 돈 없이 오래 사는 것은 그야말로 고역이다. 특별한 노후준비가 없다면 수입은 없고 지출은 많고 어렵게 살 수밖에 없다. 부동산이나 금융자산이 아무리 많더라도 이는 유동적이다. 내 노후를 가장 안전하게 죽을 때까지 지켜줄 수 있는 것은 그 어떤 자산보다도 오로지 연금뿐이다.

네 번째, 일이 있어야 한다. 은퇴 후 하는 일 없이, 목표가 없는 30년, 40년을 보낸다고 생각하면 정말 끔찍스러운 일이다. 평생 내가 좋아하는 일, 내 적성에 맞는 일을 현역에 있을 때부터 미리미리 생각해 두어야 한다. 사람은 일하면서 사람과 어울리면서 사는 것이다. 반드시 수입이 있는 일이 아니어도 좋다. 취미활동, 봉사활동, 종교활동, 아니면 공부 등 얼마든지 할 일은 많다.

다섯 번째는 친구다. 나이가 들면서 가족, 친구 등 주변 사람들이 줄어든다. 사회관계도 현역보다 줄어들 수밖에 없고 인간관계가 소원해지면서 모든 일에 자신감이 없어지고 무미건조해진다. 함께 만나서 얘기하고 놀면서 여가를 보낼 수 있는 인간관계가 중요하다.

이 다섯 가지를 '1건 2배 3연 4사 5우'로 약칭하면서 이 책을 서술하고자 한다. 100세의 시대를 맞아 축복받는 노후를 위해 지금은 힘들고 바쁘게 살고 있지만 '노후가 기다려지는 삶'을 위해 지금서부터 차근차근히 준비할 때 지금의 내가 하는 일들이 즐거울 것이다.

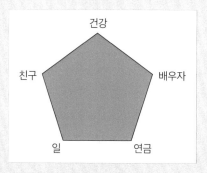

직장생활을 하는 동안 노후준비를 시작해야 한다. 학교를 다니는 동안에도 공부 잘해야 한다는 것을 모두가 잘 알지만, 게으르거나 귀찮아서 공부하지 않은 것처럼 노후준비도 마찬가지다. 중요성과 필요성은 누구나 잘 알고 있지만 어떻게 되겠지 하는 마음에 막연한 생각을 하다 보면 인생에서 가장 중요한 것을 놓치게 된다. 준비 없이 노년이 된다면 일자리도 구하기 어렵고 어디에 손 내밀기도 어려울 것이다. 일하고 싶어도 써주는 곳이 없다. 직장 다닐 때 철저히 준비하지 않으면 '노후에 피눈물 나는 후회를 할 것이다'라는 것을 미리미리 알아야 한다. 의학의 발달, 식생활의 개선 등 건강관리에 많은 노력을 기울여 평균수명이 80세를 넘어 100세 시대도 조만간 도달할 것으로 예측된다. 2015년 100세 이상 노인이 3,000명이 넘었는데 전문가는 2050년 100세 인구가 지금보다도 열 배 이상 늘어날 것으로 보고 있다.

나는 직장생활 40년을 하면서 정년은퇴를 생각할 겨를도 없이 오로지 앞만 보고 달려왔다. '노후를 준비해야겠지?' '은퇴 후 무슨 일을 해야 하지?' '어떻게 살아야 하지?' '노후자금은 얼마나 있어야 하지?' 같은 생각을 할 겨를도 없었다. 이제 60대의 나이에 접어들면서 여러 가지를 생각하게 된다. 정말 다행인 것은 보험회사에 오래 다니다 보니까 보험을 여러 개 가입을 할 수가 있었고 대부분 보험은 모두 만기가 되었지만 지금 남아 있는 몇 개의 연금은 직장생활을 오래 한 덕택으로 완납을 할 수 있었다. 지금 매월 연금이 월급처럼 꼬박꼬박 통장으로 들어오고 있는데 지금도 계속 월급을 받고 있는 기분이다. 연금이 이렇게 효자 역할을 할지는 미처 몰랐다.

100세 시대를 사는 누구나 이런 것은 생각해 봐야 한다.
- 나는 몇 살까지 살 것인가?
- 그때까지 건강하게 살 수 있을까?
- 그때까지 나는 무슨 일을 하면서 지낼까?
- 살기는 괜찮을까?

- 지금 연금준비는 얼마나 하고 있는가?
- 여가생활은 어떻게 보낼 것인가?
- 누구와 긴 시간을 보낼 것인가?

이러한 질문에 건강하게 100세까지 살면서 내가 하고 싶은 일하면서 즐기면서 행복하게 여유를 가지고 살 수 있다고 자신 있게 말할 수 있겠는가? 노후의 삶을 기다릴 수 있도록 지금부터 준비하자. 은퇴 직전 아니면 은퇴 후 노후를 준비한다면 너무도 늦다. 많은 사람이 직장에만 충실하다 보니, '노후는 어떻게든 되겠지?'라는 너무도 안일한 생각을 하고 있다. 회사에서 당신의 미래를 책임질 수는 없다. 100세 시대를 맞이하여 절박한 심정으로 노후를 준비하자. 100세 시대는 오래전부터 얘기되어왔다. 대기업에서 임원으로 또는 고위공무원으로 근무하다가 은퇴하고 노후에 B/D 경비를 한다든가, 주차 관리하고, 식당을 개업한다든가, 체인점을 차렸다는 얘기는 종종 듣는다. 이제는 심각하게 생각할 때다. 당신은 몇 살까지 살 것인가? 90세, 100세까지 산다고 가정하면 60세에 퇴직해서 30년, 40년을 어떻게 보낼 것인가? 자녀들도 60세가 되면 자기 먹고살기도 힘들다. 병이라도 나면 어떻게 할 것인가? 가지고 있는 모든 재산을 정리하고도 어렵다면 어떻게 할 것인가? 국가에서 운영하는 복지연금 등 국가정책에 의지해서 살 수만은 없을 것이다.

인생 전체를 3기로 구분한다면 노년기는 제3의 인생이라고 할 수 있다. 제3의 인생설계는 인생의 끝부분을 잘 마무리한다는 면에서 중요한 의미가 있다. 30년 동안 쓸 인생 설계도는 어떻게 그려야 하나? 나는 이 책을 나와 함께할 제3의 인생을 설계하고 있는 은퇴자들에게도 꼭 드리고 싶다. 장수는 재앙이 아니라 반드시 축복이어야 한다.

어느 여행사의 이야기이다. 96세 할아버지가 배낭 여행 신청을 했는데 나이가 많아서 안 된다고 하면서 다음과 같은 대화가 이어졌다.

"우리 아들이 가니까 걱정하지 마."

"아들이 몇 살인데요?"

"70세."

옛날은 길거리에 애들이 바글바글했지만 이제는 그렇지 않다. 이제 30년, 40년 후면 길거리에 할아버지 할머니가 바글바글한 시대가 올 것이다.

필자는 직장생활 40여 년 근무하면서 그동안 직장에서, 가정에서, 사회에서 일하고 봉사하면서 오로지 앞만 보며 바쁘게 살아왔다. 해보고 싶었던 일들이 무수히 많았지만 언젠가는 '지금보다는 여유가 있겠지' 하고 모든 일을 은퇴 후로 밀어놓았다. 노후를 여유롭게 즐기면서 보내야겠다는 각오를 하면서 '노후가 기다려지는 삶'을 그리면서 꽤 열심히 일했다.

한국인의 평균수명은 2013년 기준 82세로 40여 년 사이에 20세가 증가했다. 100세 시대를 맞이하여 노후의 행복한 삶을 위한 우리는 많은 준비를 하고 또한 많은 매체로부터 보고 듣는다. 하지만 필요성을 절감하고 실천에 옮기는 것이 여의치 않다.

이 책은 필자가 지금까지 살아오면서 가정에서, 직장에서, 사회에서 경험했던 모든 것을 총망라하여 엮었다. 더불어 나는 이 책을 현재 직장에서 사업장에서 아니면 이미 은퇴를 하신 분 모든 분에게 권하는 이유다. 권하고 싶다. 그리고 이 책이 '노후가 기다려지는 삶'을 위해 지금부터 준비하는 계기가 되길 바란다.

2016년 11월 15일

심만섭

1부

건강이 최우선

1장

100세 시대가 열리고 있다

건강 100세 시대가 다가온다

광복 이후 70년간 우리의 삶은 기적이라 할 만큼 풍요로워지고 각종 건강지표는 세계적인 수준이 되었다. 50세가 안 되던 기대수명은 이제 82세까지 늘었고 광복 100년이 되는 2045년에는 90세 이상으로 전망되어 세계 최장수국이 될 것이라고 한다. 이런 성장은 위생 및 영양 상태의 개선과 의료기술의 발달, 신약개발, 예방 주사 등 보건의료분야의 발전에서 비롯된 것이다. 그러나 좋은 것만 있는 것은 아니다.

전염성 질환은 줄었으나 고혈압, 당뇨병 같은 생활습관형 질환은 늘어난 것이다. 평균수명은 늘었지만 질병 없이 건강하게 살아가는 기간을 일컫는 건강수명은 평균수명에 훨씬 떨어지는 것이다. 건강의 정의도 많이 달라졌다. 단순히 질병만 없는 것이 아니라 신체적, 정신적 웰빙은 물론 사회적, 영적인 안녕까지 포함하는 넓은 스펙트럼으로 정의가 확대되었다.

건강관리는 예방중심의 관리가 더욱 중요하다는 의미다. 질병 예방은 입증되지 않은 요법에 현혹되지 말고 누구나 실천할 수 있는 방법을 익히는 것이 중요하다. 올바른 식사습관, 규칙적인 운동, 적절한 체중 등 건강한 마음가짐으로 질병 예방의 중요성을 인식하고 실천에 옮기는 것이 중요하다. 미국의 벤저민 프랭클린도 "적은 돈으로 예방에 투자하는 것이 큰돈으로 치료에 투자하는 것만큼 값어치가 있다"고 말했다.

당신의 기대수명은?

나이가 들어 시간적인 여유가 있다 보니 친구들이나 옛 직장 동료들을 자주 만난다.

전에는 하는 일을 중심으로, 세상 돌아가는 이야기를 많이 했는데 요즘은 결혼 안 한 애들 걱정, 손주 이야기, 그리고 유명을 달리하는 친구도 가끔 있다 보니 건강에 관한 얘기를 부쩍 많이 한다. 세월이 많이 흘러 이제는 건강도 이전과는 다르고 성인병으로 인한 약 먹는 친구도 많고 수술한 친구도 꽤 있다. 가끔 오가는 말 중에는 다음과 같은 이야기도 있다.

"몇 살까지 살 것으로 생각하느냐?" "몇 살까지 살고 싶으냐?" 라고 하면 "오래 살아서 좋은 세상 더 즐기고 손주 장가 가는 것도 보고 죽어야지. 그러려면 한 100살까지 살아야 될 텐데…"라는 친구도 있는 반면, "오래 살아서 뭐해 살 만치 살다가 죽는 거지 뭐"라는 친구도 있다.

기대수명을 낮게 잡고 오래 살고 싶지 않다고 하는 데는 몇 가지 현실적인 이유가 있는 것 같다. 첫 번째는 건강이 썩 좋지 않은 경우다. 오래 전부터 지병을 갖고 병원에 다니거나 아니면 약을 먹고 있어 건강에 대해 자신이 없는 것이다. 두 번째는 노후에 대한 특별한 준비가 없어 경제적으로 상당히 어려움을 가진 친구다. 그 외에도 다른 이유도 있겠지만 어떻든 건강과 경제적 곤란이 있기 때문으로 보인다.

나이가 들면서 각종 성인병을 많이 갖게 된다. 식생활습관, 꾸준한 운동, 긍정적인 사고, 주위 환경 등 건강관리에 대한 노력이 있어야 자신의 기대수명도 늘어날 것이다. 지금까지 인생을 살면서 수많은 목표를 정하고 달성하려고 노력을 했던 것처럼 수명도 마찬가지다. 기대 수명에 대한 목표를 정하고 철저한 관리가 필요하다고 본다.

건강보험 인구 급증하고 있다

서울대학교 보건대학원 김창엽 교수는 건강보험 30돌을 맞아 국민건강보험공단과 건강보험심사평가원이 공동으로 발간한 '통계로 본 건강보험 30년'의 주요 내용을 분석해 발표했다.

이 자료에 따르면 그간 한국인은 의료접근성이 획기적으로 증가했으며, 의료보장이 강화되었다. 국민이 의료기관을 이용하기가 쉬워지면서 건강 수준이 향상되고 질병 구조에 커다란 변화를 보였다.

'통계로 본 건강보험 30년'에는 건강보험 도입 30년 동안의 성과, 한국인의 의료이용 실태, 질병 구조의 변화와 같은 내용이 수록돼 있다. 주요 내용 가운데 우선 건강보험을 적용받는 인구가 대폭으로 증가한 것이 가장 뚜렷한 변화였다. 1977년 총인구의 8.8%인 320만여 명이던 건강보험대상이 2006년에는 98.2%인 4천7백50만여 명으로 크게 늘었다. 이 같은 환경을 바탕으로 의료기관을 찾는 인구가 크게 늘고 평균수명이 늘어났다.

전 국민 의료보험을 시행한 직후인 1990년에는 국민 1인당 연간 의료기관 이용일수가 7.72일이었다. 그러나 2006년에는 16.04일로 크게 늘었으며 2003년 기준, 한국인의 평균수명은 77.4세로 1983년 67.9세였던 것과 비교하면 평균 9.5세가 늘어난 것이다. 또한, 1987년에 한방의료보험제를 도입하고, 1989년에는 약국 의료보험 도입, 1996년에는 CT 촬영(전산화 단층촬영)이 보험 적용을 받은 데 이어, 2005년에는 MRI(자기공명영상촬영), 2006년에는 PET(양전자단층촬영) 등에 대해 보험급여를 하면서 국민 의료비 부담을 한결 덜었다. 2005 ~ 2006년에는 암을 비롯해 고액 중증질환자의 의료비 본인 부담률을 20%에서 10%로 인하해 이들 환자의 부담을 줄였으며 만 6세 미만 입원 어린이 본인부담금을 면제하는 등 중증질환자의 개인 부담을 덜어주었다.

요양급여 일수도 1977년 180일에서 2002년도 365일로 확대했고, 2006년에는 요양급여일수를 폐지해 의료보험의 보장성을 강화했다. 물론 이러한 조치는 의료서비스 공급 기반이 확충된 데 따른 것이다. 요양기관 수는 1980년 13,316개소였으나 2006년에는 75,108개소로 5.6배 증가했으며, 인구 10만 명당 의료인은 1981년 87.2명이었으나 2006년 408.9명으로 4.7배나 늘어나 의료환경이 대단히 좋아졌다.

인간은 몇 살까지 살 수 있을까?

현재까지 최장수 기록 보유자는 122세까지 살았던 프랑스인 잔 칼망(1875~1997)이다. 칼망 할머니는 늘 120세까지 살 것이라고 입버릇처럼 말하며 장수의 의지를 가졌다고 한다. 오래 산 비결을 '미소'라고 했으며 죽는 순간에도 웃을 것이라고 할만큼 낙천적이었다. 소식하고 시골 태생으로 감자, 야채, 생선, 과일을 좋아했다.

현존하는 공식적인 세계 최고령자는 116세의 이탈리아의 엠마 모라노 할머니다. 1899년 11월 출생해 현존 인류 가운데 유일한 1800년대 생인 엠마 모라노 할머니는 과거 인터뷰에서 "90년 전 빈혈 처방을 받은 이후 하루에 날달걀 2개와 익힌 달걀 1개씩을 먹고 있다"며 자신이 오래 사는 이유를 달걀 섭취와 낙천적인 성격, 남편과의 사별 후 통제받지 않는 생활을 꼽았다.

또한 인간의 수명과 관련된 내용을 성서에서 찾아보면 창세기에는 아담이 930세, 셋이 913세, 에노스가 905세, 최장수자로 므두셀라가 969세까지 살았다고 되어있다. 그러나 창세기 6장에서는 인간의 수명을 120세로 규정했는데 주께서 "나의 신이 영원히 사람과 함께하지 아니하리니 그들의 날은 120년이 되리라 하시니라"고 하셨다.

장수분야 학자들은 현대인들의 성장 발육이 24~25세에 완성이 되어 그 기간의 5배가 인간의 한계수명이라고 하여 120~125세까지는 살 수 있다고 하는 견해가 지배적이다. 최근 인구통계 보고서에 의하면 2013년 기준 한국인의 평균수명은 81.8세지만 신체적, 정신적으로 건강하게 정상적인 생활을 하는 건강수명은 73세로 9년 가까이 정상적인 생활을 못 하고 있다고 한다.

인간의 최대욕망은 건강하게 오래 사는 것이므로 웰빙(well-being)을 추구하고 웰다잉(well-dying)을 소망한다. 이런 내용으로 요즘 유행하고 있는 것이 '99 88 234'다. 즉 '99세까지 팔팔하게 살다가 2~3일 아프고 죽는다'면 이것을 웰다잉으로 보는 것이다.

100세를 넘어 120세를 꿈꾸다

2045 유엔 미래 보고서에 의하면 2045년에는 줄기세포를 이용하여 장기이식을 하고 한국공학한림원에서 발표한 자료를 보면 2040년엔 인간 수준 로봇과 함께 산다고 한다. 건강 분야에서도 생명의 기본단위인 DNA 분자(나노미터) 수준에서 질병을 진단하고 치료하는 분자 의학이 발달할 것으로 본다. 이제는 생명공학의 신약개발로 인한 그동안의 난치 불치의 질병들이 고쳐지고 인간의 수명은 점점 늘어나게 되는 것이다. 얼마 전 신문기사에서 본 내용은 국내 한 바이오 업체에서 암세포만 골라 제거할 수 있는 의료용 치료기까지 개발하고 있다고 했다. 또한 과학자들의 전망에 따르면 기술 발달로 인한 인공심장, 인공신장 같은 병든 장기들을 언제나 교체할 수 있어 무병장수를 누리는 시대도 전망하고 있다.

2015년 12월, 91세의 미국 전(前) 대통령 지미 카터는 자신이 말기 암에서 완전히 회복되었다고 밝혔다. 석 달 전 투병생활을 공개할 때만 하더라도 흑색종이 간과 뇌에 전이되어 이제는 신에게 의존할 수밖에 없다고 했다.

90대 암 환자가 건강한 몸으로 돌아올 수 있었던 것은 신이 아니라 미국 한 제약회사가 개발한 항암제 덕분이었다. 이 항암제는 종양 세포의 특정 단백질에 반응하는 수용체를 억제해 면역기능을 활성화하는 바이오신약이다. 카터 전 대통령처럼 불치의 병으로 인식되는 모든 병이 세계 각 의학연구소에서 치료약으로 개발되고 있다. 암세포만 죽이는 약물 위에 살면서 소화를 돕는 미생물 내 몸의 줄기세포에서 뽑아 만든 맞춤형 항암 백신을 피부에 얇게 붙여 전신의 건강상태를 점검하는 바이오 스탬프 등 수없이 신약이 개발되고 있다. 삼성은 송도에 건설 중인 바이로직스 제3공장 설비가 완공되는 2018년부터 단백질 복제약과 바이오 신약개발에 본격적으로 뛰어들 계획이다.

이제 미래는 인간의 수명이 어디까지 갈 것인가? 미래에 전개될 희망찬 일들이, 즐거운 일들이, 보람있는 일들이 얼마나 많은데 사람들은 오래 살면서 이러한 희망찬 미래를 꿈꾸고 있으며 건강관리에 모든 것을 쏟으려 한다.

남성사망률 50대부터 급증

2014년 통계청 자료에 의하면 50대 남성사망률이 여성의 2.9배에 달한다. 50대 남성의 사망원인을 보면 1위인 암 사망률은 여성의 1.9배다. 자살은 3.2배, 심장질환은 4.8배, 간 질환은 7.4배 등이다. 이지연 통계청 인구동향과장은 남성이 흡연, 음주 등 건강을 해치는 행위를 많이 하는데, 그 쌓인 해악이 50대에 나타나는 것 같다고 분석했다. 또한 이동우 인제대 백병원 정신건강의학과 교수는 50대 남성은 명예 퇴직 1순위로, 실직하면서 경제력을 상실할뿐더러 가정 내 역할까지 잃게 되면서 극단적 선택(자살)을 하는 것으로 추정한 바 있다.

최근 한국인은 의료접근성이 획기적으로 증가했으며, 의료보장도 급진적으로 강화되고 있다. 따라서 국민이 의료기관을 이용하기가 쉬워지면서 건강 수준도 향상되는 것이다. 이제는 평균수명이 70대에서 80대로 늘어나면서, 70대에 '질병 절벽'을 잘 넘어야 장수할 수 있다.

남성 사망률 50대부터 급증		
남성	단위:명	여성
3.2	0세	2.7
0.1	9세 이하	0.1
0.2	10대	0.1
0.5	20대	0.3
0.9	30대	0.5
2.2	40대	1.0
5.2	50대	1.8
11.2	60대	4.1
33.1	70대	16.0
93.5	80대	61.3
228.8	90세 이상	185.7

※ 해당 연령 인구 100명당 사망자

50대 남성 주요 사망 원인		
※ 여성 대비 남성 사망률의 배수		
1위	암	1.9
2	자살	3.2
3	심장 질환	4.8
4	간 질환	7.4
5	뇌혈관 질환	2.5
6	교통사고	4.1
7	당뇨병	3.7
8	추락	8.6
9	폐렴	3.8
10	알코올·마약·등 중독	13.8

(자료: 2014년 통계청)

장수의학계에서는 '80세 컷 오프라인'이라 하여 80세가 넘으면 질병이 적게 생기고 발생해도 진행이 느리다. 질병보다 오히려 낙상이나 폐렴 등 몸 밖 요인이 더 큰 장수 방해 요인이 되고 있다. 70대 건강관리가 100세 건강과 장수를 결정한다.

노년기 질병의 두 축은 근골격계와 심혈관계이다. 따라서 100세 장수하려면 50대부터 제반건강관리를 철저히 하여야 한다. 서울대병원 흉부외과 김원곤 교수는 60대 몸짱으로 유명한데 50대부터 근육운동을 열심히 했다고 한다. 김 교수는 심혈관계 질병은 체중, 혈압, 혈당, 콜레스테롤 수치를 적정수준에 머물 수 있도록 꾸준히 관리하면 막을 수 있고 근골격계질환은 계단 오르기, 스쿼트 하기 등 일상 생활 속에서 근육운동을 꾸준히 하면 예방할 수 있다고 했다. 50세가 넘으면 매년 근육량이 1%씩 감소함으로 나이가 들수록 근육운동량을 조금씩 늘려나가는 습관을 지녀야 한다.

근육량을 늘리기 위해서는 운동 전 탄수화물과 단백질이 풍부한 식사를 해야 하고 삼성서울병원 라마용 임상 영양파트장은 "운동 시 몸속 탄수화물이 충분하면 탄수화물이 에너지원으로 쓸 수 있다"며 탄수화물이 고갈되면 근육의 단백질을 빼서 에너지원으로 공복에 운동하면 근육이 빠질 수 있다고 했다.

운동 전 단백질 섭취는 운동효과를 크게 한다. 단백질은 근육세포를 재생하는 데 필요한 영양소이기 때문에 운동 전 몸속에 충분하도록 할 필요가 있다. 단백질은 닭가슴살, 달걀 등이 좋다.

고려대병원 노인병 센터의 조경환 교수는 60대부터 암 검진 위주의 건강검진에만 매달리기보다 가족의 질환이 누적된 신체적 위험 요인 등을 평가받고 다빈도 질병을 조기 발견해야 한다고 했고 50~60대에 체력을 키워 70대로 진입해야 질병 내구력이 커져 건강 장수로 갈 수 있다고 말했다.

한국은 의료선진국

국가 암 등록 통계에 따르면 최근 5년간 암 생존율은 68.1%로 미국 66.1%, 일본 58.6%보다도 높고 위암은 71.5%, 대장암 74.8%다. 이는 미국, 캐나다보다도 훨씬 높다. 완치가 어려운 암으로 알려진 폐암과 간암의 치료 성적도 미국보다 앞선다. 국내 의료진의 질적 향상은 국민건강과 관련한 각종 자료로도 나타나는데 한국인의 평균수명은 2000년에는 남성 72.3세, 여성 79.6세였으나 2015년은 남성 78.5세, 여성 85.1세로 높아져 OECD 평균을 웃돈다. 건강수명도 2002년 68세에서 70.7세로 증가하여 질병 없이 건강한 삶을 유지하는 기간이 그만큼 늘었다는 의미다.

2장

올바른 식생활

바른 습관을 어려서부터

어려서부터 좋은 생활습관은 어른까지 간다. 일찍 자고 일찍 일어나기, 바른 자세로 앉기, 음식 골고루 먹기, 공부하는 습관, 일기 쓰기, 약속 잘 지키기, 매일 운동하기, 인사 잘하기, 고운 말 쓰기, 용돈 아껴 쓰기 등 일상생활을 통해서 만들 수 있는 좋은 습관들이 많다. 특히 건강 생활은 어려서부터 좋은 습관, 올바른 식생활을 하고 있느냐가 가장 중요하다.

올바른 식습관

장수하는 가장 큰 비결은 올바른 식생활이다. 하루 세끼, 꼬박꼬박 거르지 않고 식사하는 것은 가장 중요한 식습관이다. 직장인들은 바쁜 일과 때문에 아침을 생략하고 출근하는 경향이 많다. 아침을 거르면 생리적으로 불안정한 상태가 되어 집중력과 사고력이 떨어진다고 한다. 따라서 부족한 에너지를 보충하려고 점심과 저녁을 과식하게 되고 이는 결코 위장장애를 갖게 되는 것이다. 과식은 금물이고 음식은 오래 씹는 것이 좋다. 식사를 규칙적으로 하고 음식을 골고루 먹고 과식하지 말고 발효식품이나 식물성 식품을 많이 먹으라는 것은 이미 유치원 초등학교 교과서에도 나오는 얘기다.

잘못된 식사 습관, 즉 과식, 결식, 편식으로 인해서 이들 중 한 가지라도 부족하게 되면 영양의 균형이 깨지고 몸에도 좋지 않은 영향을 주게 된다. 자신의 건강을 위해 꼭 아침을 먹는 습관을 갖는 것이 좋다. 아침밥을 먹으면 뇌에 에너지공급이 활발하여 집중력이 높아지고 비만을 예방하는데도 효과가 있다고 한다.

특히 영양섭취의 균형을 위해 하루에 필요한 식품을 어떻게 나누어 먹는 것이 좋은지를 생각해야 한다. 하루의 필요량을 아침, 점심, 저녁에 골고루 나누어 먹는 것이 좋은 식사방법이다. 그러나 우리의 식습관을 볼 때 하루 똑같이 나누어 먹기는 어렵다. 습관적으로 아침식사를 거르게 되면 자연히 저녁에 과식하게 되어 그 결과 위의 부담이 커지게 되고 위산과다, 위하수증 등의 위장질환이 생길 수 있다. 올바른 식습관의 형성은 하루아침에 이루어지기 어렵고 한번 형성된 식습관은 고치기가 매우 어렵기 때문에 어렸을 때부터 가정에서 식구가 합심하여 적절한 식생활을 하도록 노력해야 한다.

오래 사는 것보다 더 중요한 것은 어떻게 사느냐이다. 건강하지 않은 100세는 절대로 축복이 아니다. 혈기왕성한 젊은 나이에는 내 건강만 믿고 음식, 술, 담배 등 무절제한 생활을 한다. 술, 담배가 건강을 저해시키는 요인이라고 심각하게도 생각하지도 않고 주기적인 운동도 게을리하는 직장인들이 많다. 그러다가 40~50대가 넘으면서 건강에 이상 신호가 왔을 때 그때 운동도 하고 금연이라든지 과음하면 안 되겠구나 하고 건강에 신경 쓰는 경향이 있다.

건강은 음식을 적절하게 섭취하는 것이다

다이어트를 하기 위해 탄수화물을 줄이고 근육을 만들어 주는 단백질을 늘리는 식사를 많이 하는데 이런 당질 제한 식사를 장기간 하면 오히려 문제를 가져올 수 있다고 한다. 서울대병원 가정의학과 박민선 교수는 "복합탄수화물이 부족하면 각 장기가 정상적으로 움직이는 데 무리가 있고 혈관건강을 유지하는 항산화 물질도 덩달아 부족해지고 동물성 지방은 혈관 탄력성을 떨어뜨리고 간 신장 같은 혈관이 많은 장기에 과부하가 걸리도록 만든다"라고 한다.

적게 먹어도 문제, 많이 먹어도 문제인 탄수화물과 단백질 적정섭취량은 어느 정도일까? 노인은 소화 등의 문제로 고기, 생선, 달걀 등 단백질 식품을 너무 적게 섭취하는 경우가 많은데 탄수화물은 총 섭취 에너지의 60% 정도, 단백질은 15% 정도가 좋고 잡곡밥에 채소 반찬, 김치, 단백질 식품(생선, 두부, 불고기, 달걀 등) 한 가지를 곁들여 먹는 것이 좋다고 한다.

한양대 맞춤형 비만 치료센터 하태경 교수는 밀가루 흰쌀같이 정제된 탄수화물은 될 수 있는 대로 피하고 복합탄수화물이 많이 든 통곡류, 채소, 과일 위주가 좋고 단백질도 동물성 대신 식물성 위주로 먹으면 섭취량에 신경 쓰지 않고 심혈관계질환을 비롯한 여러 질병 위험이 적고 체중 감량 효과도 누릴 수 있다고 한다.

소금을 적게 먹자

과다섭취를 하면 몸에 좋지 않은 지방과 설탕은 서구화된 식습관에서 나타나지만, 소금 섭취는 짠맛을 좋아하는 우리나라 사람들의 식습관과 관계가 있다. 우리나라 사람이 즐겨 먹는 국과 찌개류, 탕류, 라면 등에 소금이 무더기로 들어있는 것이다.

싱겁게 먹기 전도사로 유명한 서울대병원 신장내과 김성권 명예교수는 수십만 명의 신장병 환자를 35년간 진료했다. 그러던 중에 소금섭취를 줄이는 것이 가장 좋은 예방법임을 알게 되었다. 세계보건기구에서 권장하는 하루 소금 섭취량은 하루 평균 5g 미만이다. 우리나라 사람의 하루평균 섭취량은 무려 12.5g이나 된다. 이는 티스푼으로 볼 때 2.5스푼이다. 무척이나 짜게 먹는 것이다. 국민건강 영양조사의 연구결과에 따르면 한국인의 78.4%가 짜게 먹는 것으로 나타났다. 콩팥질환, 심혈관질환, 골다공증, 뇌졸중, 위암, 고혈압, 비만 등 모든 질환이 소금을 과다하게 섭취하는 데서 발생한다.

이렇게 짜게 먹으면 혈액 속의 염분이 높아지고 혈액은 농도를 맞추기 위해 물을 먹게 된다. 짠 음식을 먹으면 갈증이 생기는 경우다. 혈관이 팽창하면 혈압이 올라가고 고혈압의 원인이 되는 것이다. 그 외에도 소금 과다섭취는 골다공증, 심장병, 뇌졸중, 위암, 만성신부전증을 일으키고 인체의 모든 기관에 영향을 준다.

그러나 외식을 주로 하는 직장인들은 가정에서는 음식에 소금양을 조절할 수 있다고 하지만 밖에서 먹는 음식은 식당에서 맛을 내기 위해 염분을 과다사용하는 경우가 많아 특히 조심해야 한다. 따라서 의식적으로 식사주문을 고려하고 염분이 많은 국물 같은 것은 삼가는 것이 좋다.

생선 한 토막과 우유 한 잔

보건복지부 영양섭취 기준에 의하면 50대 이상은 반찬보다 밥 위주로 식사해 탄수화물섭취가 과다하고 10~20대는 동물성 섭취를 줄일 필요가 있는 것으로 조사되었다. 필요한 열량은 탄수화물에서 55~65%, 단백질 7~20%, 지방 15~30%가 적절하지만, 50대 이상 연령층은 탄수화물을 65%가 넘게 섭취해 지방이 부족하다고 했다. 따라서 반찬을 많이 먹어야 하고 필수지방산은 세포막을 구성하고 호르몬 등을 만들 때 필요하고, 주로 콩과 견과류 식용유 같은 식물성 기름에 들었다.

서울대 보건학과 정효지 교수는 "아이들은 당을 첨가하는 가공식품을 많이 먹기 때문에 어릴 때부터 단맛에 길들지 않도록 하는 것이 중요하고 탄산음료, 주스와 가공식품을 줄이는 것이 좋다"고 했다.

탄수화물이나 당 섭취가 많으면 당뇨병에 걸릴 위험이 크다. 한국인은 칼슘과 비타민D 부족현상이 많다. 이를 위해 칼슘흡수가 좋은 우유나 요구르트를 권장하고 비타민D는 충분한 햇볕 쬐기, 멸치, 고등어, 꽁치 같은 생선과 달걀, 우유, 버섯 등을 권하고 있다(이상 보건복지부 제공).

식이섬유

웰빙(well-being)에 대한 관심이 커지면서 몸에 좋은 음식을 챙겨 먹는 사람이 늘고 있다. 대표적인 것이 식이섬유다. 이는 채소, 과일, 곡류, 해조류에 많지만 소화효소에 의해 분해되지 않아 소화흡수가 안 되고 배만 불리는 역할을 한다. 때문에 과거에는 꼭 섭취를 해야 하느냐고 했지만, 요즘은 고지혈증, 당뇨병 등 성인병에 도움이 된다고 하여 많은 관심을 두고 있다.

식품 가공이 발달하고 식생활이 개선됨에 따라 동물성 식품과 가공식품의 소비가 증가하다 보니 자연히 섬유질 식품을 소홀히 하게 된다. 그동안 영양학에서는 칼로리 위주 영양소 위주의 연구가 많았으나 요즈음은 섬유질이 건강상 중요한 것이라는 것을 알게 되었고 심장질환, 당뇨병, 대장암 등 성인병의 발생이 섬유질의 부족과 관계있다는 사실도 밝혀졌기 때문이다.

분당서울대병원 소화기내과 이동호 교수는 식이섬유는 스펀지 역할을 하여 위에서 소화되지 않아 장으로 내려가 물을 끌어당긴다. 장 속 내용물의 부피를 빠르게 부풀려 변을 신속하게 만들어 내보내기 때문에 식이섬유가 변비에 좋은 것이다. 물을 끌어당길 때 유해물질도 같이 흡착한다. 장내 유해 세균 및 독성물질, 콜레스테롤, 당 등을 함께 포획해 바깥으로 배출하여 만성질환을 예방하는 효과가 있고 포만감이 커 다이어트에도 도움을 준다.

사람들은 갱년기가 다가오고 늙어간다는 것을 의식한다. 그들은 과거에 젊었을 때 건강을 더욱 챙겼어야 하는데 하고 후회를 하는 경우가 많다. 그제야 더 오래 살고 싶은 욕심에 늦게나마 모든 것을 쏟아붓는다. 30대에는 혈기왕성하고 건강에 별 신경을 안 쓰기 때문에 건강의 고마움을 모르고 지내기 마련이다. 폭음, 폭식 등 건강에 신경을 쓰지 않다가 40~50대가 되어서야 고혈압, 당뇨, 고지혈증 등 성인병 증상이 올 때 젊었을 때부터 건강관리를 철저히 할 걸 후회하기 시작한다.

생으로 먹는 음식과 구워 먹는 음식

아무리 영양소가 많아도 먹는 방법에 따라 섭취량이 달라진다. 요리법에 따라 잘 흡수가 되는 것도 있지만, 파괴가 되는 것도 있다. 경희대학교 의학 영양학과 임현정 교수와 세브란스병원 영양팀 김형미 팀장에 의하면 양파와 부추에는 면역력을 높이고 혈관건강에 좋은 황화알릴이 풍부하여 체내에 흡수되면 알라신으로 변하여 혈관을 확장해 혈액순환을 좋게 하고 혈중콜레스테롤을 낮추는 효과가 있어 동맥경화 심장병을 예방한다.

그러나 황화알릴은 섭씨 70도 이상 가열하면 파괴된다. 파프리카 시금치도 마찬가지다. 그러나 당근이나 호박, 토마토 등은 올리브오일에 볶으면 좋다. 기름에 곁들여 먹으면 체내 흡수력이 증가하고 당근의 경우는 생으로 먹으면 흡수력이 최대 70%까지 증가한다. 토마토의 경우 기름과 함께 익혀 먹으면 생토마토보다 라이코펜(항암 성분)을 약 30% 이상 섭취할 수가 있다. 또 불에 구워 먹으면 좋은 음식은 마늘, 가지 등이 있는데 마늘을 구우면 아조엔(Ajoene)이라는 성분이 나와 몸속 노폐물 배출을 촉진해서 신진대사를 원활하게 해주고, 가지도 구우면 수분이 빠지면서 영양밀도가 높아진다. 단, 채소는 구울 때 타지 않도록 주의해야 한다.

당뇨병은 식사 3대 원칙 지켜야!

당뇨병이란?

당뇨병이란 췌장에서 분비되는 호르몬인 인슐린이 제 기능을 못하거나 분비량이 적어 혈액 내 포도당 수치가 비정상적으로 높은 경우를 말한다. 당뇨병은 간단한 혈액검사로 쉽게 진단할 수 있는데 일반적으로 8시간 금식 상태에서 혈당이 100mg/dl 미만이면 정상이고 126mg/dl 이상이면 당뇨병으로 진단받는다. 100~125mg/dl의 수치는 발병 전 단계인 공복혈당장애이므로 당뇨병으로 발전하지 않도록 관리해야 한다. 또한, 당화혈색소가 6.5% 이상이거나 다뇨(多尿), 다음(多飮), 체중 감소 증상이 나타나면서 식사와 관계없이 혈당 농도가 200mg/dl 이상일 때 당뇨병으로 진단한다.

당뇨병 환자 급증하고 있다

대한당뇨학회 통계에 따르면 2006년 기준으로 우리나라 30세 이상 성인의 당뇨 유병률은 5.6%인 165만 명이었으나 2013년 8.09%인 272만 명으로 7년 만에 64%나 증가했다. 당뇨병은 노화와 밀접한 관련이 있지만 잘못된 식습관, 운동부족, 잦은 음주, 스트레스 등으로 인해 증가하고 있다.

세계보건기구(WHO)는 2016년 '당뇨병과의 전쟁'을 선포했다. 세계 각국에 당뇨병에 경각심을 고취하고 범정부 차원의 대책을 촉구하고 있다. 대한당뇨협회 이문규 이사장은 우리나라도 당뇨병의 심각성을 말하고 있다. 매년 1만 명이 당뇨병으로 사망하고 있고 매년 환자가 증가하고 있고 30대~40대 환자가 급증한다는 것이다. 당뇨병을 앓으면 각종 합병

중 발생률이 높아진다는 것이다.

식사 3대 원칙(골고루, 적당히, 규칙적으로) 지켜야

당뇨병 환자인 주부 박 모(55세) 씨는 건강관리 정보 TV를 보다 당뇨에 좋은 식품을 소개하면 몇 달간 그 식품만 챙겨 먹는다. 또 과일은 당뇨가 많고 독이 된다고 하여 과일은 입에 대지도 않았다. 그러나 병원 검진 때마다 혈당조절이 안 된다고 의사에게 지적을 받았다. 또한, 10년째 당뇨병을 앓고 있는 안 모 씨는 채소 위주의 식사가 혈당관리에 좋다고 하여 채식 위주의 식사를 했는데 얼마 전부터 충분한 잠을 자도 피로가 심하여 의사를 찾았는데 단백질 섭취가 너무 줄어 부작용이 나타난 것이라고 했다.

대한당뇨협회의 김대중 홍보 이사는 당뇨병 환자들은 무엇을 먹을 것인가에만 신경 쓰다가 오히려 영양 불균형에 빠지거나 혈당이 제대로 조절이 안 되는 경우가 많다고 한다. 당뇨병 환자들은 규칙적인 제대로 된 식사보다는 당뇨병에 좋다는 특효약만 먹으면 된다고 생각하기 때문이다. 삼성의료원 당뇨병 센터에서 당뇨병 환자 1,466명을 대상으로 조사한 결과 76.2%가 영양이 불균형한 식사를 하고 있었다고 했다.

당뇨병 환자가 혈당관리를 위해 약만큼 중요한 것은 식사요법이 중요하고 '골고루, 적당히, 규칙적으로 먹는 것이다'라는 세 가지 원칙을 지켜야 한다고 했다. 곡류, 어류, 육류, 채소, 지방 등 6가지 식품을 자신의 체중과 활동량에 따라 권장섭취량에 맞춰 먹으면 된다. 대한영양사 협회 조영연 부회장은 권장섭취량을 맞추기 어렵다면 배가 80%만 부르도록 권하고 있다. 제시간에 적절한 양의 영양분을 섭취해야 정상 혈당을 지속할 수 있다.

3장

성인병 예방

성인병이란?

성인병은 사람의 생애를 성장·성숙·퇴화의 세 과정으로 나눈다면 노화로 인한 퇴화과정이라고 할 수 있다. 성인병이란 각종 암, 뇌혈관질환, 심질환, 고혈압성 질환, 당뇨병, 간질환, 소화성궤양 등 만성 퇴행성 질환의 총칭이다. 이는 반드시 노령화에 따른 노인병이 아니라 일상생활과 관련된 식생활과 연관된 것이 많다. 예를 들어 발암물질이 함유된 것으로 알려진 식품을 피하고 조리방법에 따른 발암 예방식품을 되도록 많이 먹고 지방, 나트륨을 줄이고 식이성 섬유 섭취 등 식사습관이나 생활습관에 주의를 기울이면 어느 정도의 성인병을 예방할 수 있다.

대사증후군

2015년 건강보험심사평가원의 발표에 따르면 대사증후군으로 진료를 받은 사람은 2010년 약 850만 명에서 2014년 약 991만 명으로 4년 만에

140만 명이 늘었다. 성인 3명 중 1명은 대사증후군이란 통계도 나왔다. 대사증후군은 성인병 전 단계다. 여기서 대사란 음식 등 영양물질을 섭취한 인체가 이를 분해하여 몸에 필요한 물질과 에너지를 생성하고 불필요한 물질을 배출하는 일련의 과정이다. 이러한 과정에 이상이 생기면 심장 및 뇌혈관 질환을 일으키는 위험요소인 복부비만, 고지혈증, 당뇨병 등이 복합적으로 발생할 수 있다. 대사증후군의 진단기준은 ① 복부비만, ② 높은 중성지방, ③ 낮은 고밀도 콜레스테롤, ④ 고혈압, ⑤ 고혈당 중에서 3가지 이상 해당하면 대사증후군으로 진단한다. 대사증후군 환자는 당뇨병과 심혈관질환에 걸릴 확률이 매우 높고 이런 질환에 걸리면 다른 환자에 비해 사망률도 매우 높은 것으로 조사되었다. 대사증후군이 생기는 데는 인슐린 저항성이 가장 큰 원인으로 작용한다. 인슐린은 췌장에서 분비되는 호르몬인데 세포 활동의 에너지원인 포도당을 분해해서 세포 안으로 넣어준다. 이 인슐린이 포도당을 세포로 운반하는 기능을 제대로 못 하면 인슐린 저항이 되고 인슐린 저항성이 되면 혈액 속의 포도당이 세포로 들어가지 못해 고혈당이 된다.

뇌는 단순히 인슐린이 부족하다고 판단해 췌장에 인슐린 생산량을 지시하고 그 결과 혈액 속의 인슐린 농도가 짙어지는 고인슐린 정상태가 되어 당뇨병을 유발하고 중성지방을 높이고 혈액에 나트륨 성분을 높여 고혈압을 유발한다. 결국, 대사증후군에 해당하는 중성지방, 혈당, 혈압을 높이는 요인이 된다. 대사증후군은 심각한 질환으로 이어질 가능성이 크다.

차움 박원근 내분비내과 교수는 대사증후군 환자는 심혈관질환 발생 가능성이 정상인보다 2배 이상 당뇨병은 10배 이상 높고 암 발생률과

질환으로 인한 사망률도 30%가량 증가한다고 한다. 대사증후군은 다른 질환처럼 약을 먹거나 수술을 하지 않고도 자신의 노력에 의해 충분히 좋아질 수 있다. 이는 대표적인 생활습관병으로 기름진 음식 술, 담배, 스트레스 등이 원인으로 나타나기 때문이다. 유전자검사를 통해 대사증후군 발병 소지를 미리 점검해보고 어려서부터 적절한 식단 및 운동 등의 생활습관이 필요하다.

치매 예방은 60세부터

1955~1963년 사이에 태어난 베이비붐 세대는 약 700만 명으로 이제 본격적으로 은퇴기를 맞이하게 된다. 김기웅 중앙 치매센터장은 고령사회에서 치매는 누구도 자유로울 수 없는 질병이고 본인이 아니더라도 가족이 치매에 걸리면 가족 전체가 고통이라고 말한다. 누구나 오래 사는 것이 꿈이지만 오래 사는 것이 무섭다고 하는 사람도 많다. 바로 치매에 대한 두려움 때문이다. 치매는 당사자의 고통은 물론이고 가족 모두에게 어려움을 주면서 가정파탄까지 날 수 있는 무서운 병이다.

치매는 예방과 조기치료가 중요하지만 치매에 대해 말하기를 꺼리고 "그럴 리 없다"고 부정하는 사이 증상은 점점 더 악화된다. 치매는 증상에 따라 고칠 수 있는 치매도 있고 진행을 늦출 수도 있다. 치매는 치료시기를 놓치지 말아야 하므로, 미리 대비하는 것만이 제일 나은 방법이고 규칙적인 운동과 독서를 통해 뇌를 활발히 사용하고 음주와 흡연을 될 수 있는 대로 멀리해야 하고 조기발견을 위해 정기적인 검진도 받아야 한다고 한다.

치매 환자는 최근 급증하고 있고 80세 이상 노인 5명 중 1명은 치매를 앓고 있는 것으로 나타나고 건강보험심사평가원이 최근 5년간 (2011~2015년) 치매 진료 인원은 노령화가 급속히 진행되면서 2011년 29만 5천 명에서 2015년 45만9천 명으로 55.8% 증가한 것으로 나타났다. 치매 환자의 89%는 70대에서 나타나고 80대는 100명 중 18명 90대는 100명 중 32명꼴로 치매에 걸린 것으로 나타났다. 종류별로는 뇌혈관에 문제가 생기는 혈관성 치매가 있고 인지 기능이 점진적으로 악화하는 알츠하이머병(퇴행성 치매)이 있는데 알츠하이머 치매가 72%로 가장 많다.

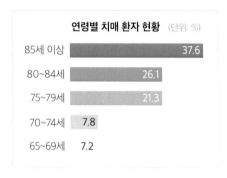

대표적인 노인성 질환인 치매는 뇌혈관질환과 알코올 등 다양한 원인으로 뇌 기능이 손상되면서 나타난다. 일상생활에 지장이 있을 정도로 기억력이 떨어지고 시간, 장소를 혼동하거나 언어 장애 등이 나타나면 발병을 의심해야 한다.

치매 예방

삼성서울병원 나덕렬 교수는 나이가 들면서 치매에 대한 우려를 많이 하는데 기억을 잘못하면 이러다 치매에 걸리는 것이 아닌가 하고 걱정을 많이 하는데 걱정할수록 기억이 더 떨어지기 때문에 기억 실수를 할 때마다 더욱 넉넉하게 받아드리라고 말한다. 나 교수는 치매 예방법으로 '진인사대천명 조절'을 아래와 같이 얘기하고 있다.

진땀나게 운동하고

인정사정없이 금연을 강조하고

사회활동을 많이 하고

대뇌활동을 많이 하고

천박하게 술 마시지 말고

命을 연장하는 식사를 하고

고혈압, 고혈당, 고지혈증을 조절하라

규칙적으로 운동하면 치매 위험률이 31% 감소하고 매일 3㎞ 이상 걸으면서 운동하면 80%나 감소가 된다고 한다. 운동하면 왜 이렇게 뇌가 좋아지는가? 뇌가 변하기 때문이다. 뇌 속에 있는 신경 줄기세포가 있는데 그것들이 활성화되면서 뇌가 좋아지는 것이다. 다음에 담배를 계속 피우면 피가 끈적끈적해지고 미세 혈관이 끊어진다는 것이다.

이는 곧 사회활동을 하라는 것인데 가족, 친구와 한 달에 한 번 이상 만나면 치매 위험률이 15% 감소하고 매일 만나면 43% 감소한다고 한다. 사회활동은 고급 두뇌 활동이고 뇌가 활성화된다. 다음은 대뇌 활동인데 독서나 글쓰기를 하지 않으면 치매가 4배로 걸린다고 한다. 글쓰기, 토론, 컴퓨터, 외국어 배우기, 악기, 그림 그리기 등 이런 모든 활동이 앞쪽 뇌를 활성화한다는 것이다.

다음은 식사습관이다. 뇌에 좋은 식사는 역시 생선, 채소, 과일이라고 하고 우유나 두유 속에 있는 칼슘이 뇌의 신경세포에 좋다고 한다. 다음은 비만이 치매에 안 좋은데 비만의 부작용은 고혈압, 당뇨, 고지혈증을 유발하는데 이들은 전두엽을 벗겨내게 된다. 나 교수는 치매의 정도를 다음과 같이 나타내고 있다.

치매의 위험수준

	인지장애 호소	객관적 인지장애	일상생활장애
정상	-	-	-
주관적 인지장애	+	-	-
경도 인지장애	+	+	-
치매	+	+	+

· 주관적 인지장애: 사소한 일을 잊는 건망증. 단서를 주면 기억함
· 경도 인지장애: 중대한 일조차 망각 단서도 소용없음
· 치매: 일상생활능력상실

독서의 효능

치매 예방으로 걷기, 포도주, 적당한 커피, 충분한 수면, 메모의 습관, 독서, 고스톱, TV 시청 등을 기억력 향상과 치매 예방법으로 많이 얘기하고 있다. 경희대병원 연구팀이 바둑, 고스톱, TV 시청, 독서 등 여가생활과 치매와의 상관관계를 조사한 결과 독서를 즐기는 사람의 치매 확률이 가장 적다고 밝혀졌다.

고혈압은 무관심 탓이다

고혈압은 한국인 10명 중 5명이 앓고 있는 국민 질환이고 심장병, 뇌

졸중과 같은 치명적인 병의 가장 큰 원인으로 작용하지만 고혈압 환자의 절반 이상이 혈압관리를 하지 않고 있다. 대한고혈압학회 김철호 이사장은 고혈압 환자 중 정상혈압으로 관리하는 비율은 절반 정도로 2009년 이후 크게 늘지 않고 있지 않다며 자기의 혈압을 잘 알지 못하는 등 고혈압 인지율이 떨어지고 고혈압 진단을 받아도 치료를 하지 않는 것이 문제라고 했다. 고혈압 진단을 받은 후에 140/90(mmHg) 미만으로 관리하는 비율을 "고혈압 조절률"이라고 하는데 2014년 국민건강통계에 따르면 고혈압 조절률은 1998년 4.9%에서 2007~2009년 42.1%로 9배 가까이 증가했지만 2013~2014년 45.7%로 소폭 증가했다. 고혈압 조절률이 높아지지 않는 이유는 혈압을 높이는 술과 나트륨을 과잉섭취하는 사람이 줄지 않고 노인과 비만 인구가 늘고 있기 때문이다.

고혈압 관리의 첫 번째는 자신의 혈압수치를 알아야 한다. 그러나 고혈압 환자임에도 불구하고 17.3%가 2년 이내 혈압측정을 하지 않는다고 한다. 고혈압으로 진단받으면 평생 혈압약을 복용해야 하는데 가볍게 보고 쉽게 약을 끊는 것도 문제다.

고혈압 관리를 위해서는

첫째, 자신의 혈압을 주기적으로 점검하고 의사의 처방대로 약을 먹어야 한다.

둘째, 자신의 몸무게를 조절하고 나트륨을 줄여야 한다.

셋째, 술·담배를 줄이고(가능한 금연), 걷기, 자전거 타기, 수영, 에어로빅 등 유산소운동을 꾸준히 한다.

넷째, 혈압은 기온 차에 따라 심하게 나타나기 때문에 겨울철에 주의

해야 하고 실내온도를 유지하는 것이 중요하다.

다섯째, 즐거운 마음으로 생활하고 혈압의 상승은 스트레스와도 관계가 많다. 충분한 수면을 취하고 과로를 피하는 등 긴장을 푸는 것이 중요하다.

뇌졸중

뇌졸중은 갑자기 뇌혈관이 막히거나 터져 뇌의 손상이 발생하는 것이 뇌졸중으로 노후 생활을 불행으로 만드는 요인 중 하나다. 국민건강보험공단은 뇌혈관 진료 인원이 2007년 8만3천 명에서 2012년에는 11만8천 명으로 늘었고 뇌졸중은 환자의 의식장애, 언어 장애, 마비, 치매를 일으킨다. 뇌졸중은 단일질환 가운데 가장 높은 사망률을 기록하고 있다.

초기대처를 위한 골든타임

뇌졸중은 그 어떤 질병보다도 초기대처가 중요하다. 초기대처를 잘하느냐 못하느냐에 따라 환자의 운명이 달려있다. 그런데 안타깝게도 환자들의 초기 대처가 빠르지 않다는 데 문제가 있다. 한 예로 서울지역 뇌졸중 환자 980명을 조사한 결과 4.5시간 안에 병원을 찾은 환자는 불과 29.3%였다. 10명 가운데 7명 정도가 치료 시기를 놓치고 있다. 이의 원인은 대부분이 "이러다 말겠지!" "괜찮아지겠지"하고 심각하게 생각하지 않고 참았다가 계속 증상이 있으면 그제야 병원을 찾는 것이다.

뇌 건강 신호

뇌는 한마디로 인간생명의 중추라고 할 수 있고 뇌는 근육운동을 조절하고 감각을 인식하며 말하기, 기억하기, 생각하기, 느끼기를 모두 담당한다. 15초만 혈액공급이 안 되어도 의식불명 상태가 되고 4분간 중단되면 복원할 수 없을 정도로 뇌세포가 망가진다. 뇌졸중은 뇌에 공급하는 혈관이 차단됨으로써 신체에 장애가 생기는 뇌혈관질환의 일종이고 중풍이라고도 하는데 뇌의 혈관이 터지거나 막혀서 손상되면서 인지 기능, 운동 기능, 언어 장애 등 다양한 증세가 온다. 초기증세는 눈과 시야에 이상이 오거나, 신체에 마비증세가 온다든지, 발음이 잘 안 되고 말하고 듣는 것에 이상이 있다든지, 극심한 두통, 심한 어지러움이 있으면 반드시 병원을 찾아 진단을 받아볼 필요가 있다.

응급처치

환자가 쓰러졌을 때는 바로 119에 구조요청을 하는 것이 좋다. 뇌졸중은 시각을 다투는 위험한 병이다. 반드시 전문의 치료를 받아야 하는데 빠르면 빠를수록 좋다. 자가용으로 병원에 갈 수도 있지만 위급한 상황에서는 보호자들도 크게 당황하기 때문에 운전대를 안 잡는 것이 좋고 119신고가 우선이다.

생활습관

뇌졸중의 원인 중 60~70%는 고혈압이다. 따라서 혈압이 높은 사람은 정상인보다 뇌졸중 발생위험이 상당히 높으므로 식습관에서부터 주의해야 한다. 짠 음식과 기름진 음식을 자제해야 하고 조리 중 나트륨양을 조절하고 외식 때는 주문 음식도 가려서 할 필요가 있고 가능한 건더기만 먹고 국물은 먹지 않는 것이 좋다. 또한, 흡연도 정상인보다 뇌졸중 발생빈도가 2배나 높고 음주에서도 절대 과음하지 않는 것이 좋다.

비만은 발병률이 정상인보다 2배나 높으므로 지방 음식을 줄이고 꾸준한 운동으로 정상체중유지에도 노력해야 한다.

전립선 비대와 전립선암

소변 본 후 잔변감이 남아있거나, 소변을 참기 어려운 경우, 소변 줄기가 약하거나 가늘다고 생각한 경우, 자다 일어나 소변을 자주 보는 경우 등은 전립선 비대로 보아야 한다. 증상이 심하지 않으면 기름진 음식이나 카페인, 알코올 섭취를 줄이는 조절이 필요하다. 카페인, 알코올은 방광을 자극해 소변을 더 자주 보게 된다. 오래 앉아있는 시간을 줄여 항문과 음낭 사이 회음부를 압박하지 않는 것도 중요하다.

최근 30년간 암세포를 분석한 결과 남성은 전립선암, 여성은 췌장암으로 인한 사망이 가파르게 증가했다. 반면 남녀 모두 위암으로 인한 사망은 70% 이상 줄었다.

임달호 공주대 보건행정학과 교수팀은 1983~2012년 국내 13개 주요 암 사망률 변화를 분석한 결과를 '암 역학' 최신호에 발표했다. 남성은 전립선암이 1983년 0.5명에서 2012년 5.2명으로 10.5배 늘어 최고증가율을 기록했고 대장암이 3.7배, 췌장암이 4.2배 순이었다. 같은 기간 여성은 췌장암 사망률이 4.0배로 1위를 차지했고 비호지킨림프종이 3~4배 뇌암이 3.1배 순으로 나타났다. 전립선암은 우리나라 남성에게 다섯 번째로 많은 암이다. 2011년 41,411명이던 환자는 2015년 61,695명으로 49%나 늘었다. 전립선암 57%는 조기에 발견이 되는데 조기암 진단율은 위암에 이어 2위고 천천히 진행하는 데다 5년 생존율은 92%에 이르는 비교적 순한 암이다. 정진수 국립암센터장은 "붉은 고기와 지방섭취가 많은 서구식 식습관과 평균수명이 늘면서 전립선 암 환자가 증가하고 있다"면서 환자가 급증하니 사망률도 높아질 수밖에 없다고 했다.

전립선암 증상은 전립선비대증과 흡사해 증상만으로는 두 질병을 구분하기 어렵다. 소변 줄기가 가늘어 지고 자다가도 화장실을 찾을 정도로 자주 소변을 봐야 하는 증상 정도다. 전립선암이 진행되면 방광 출구가 막혀 소변을 못 보게 되는 급성요폐나 혈로, 요실금이 나타나기도 한다. 암이 뼈로 전이 되면 뼈에서 통증을 느낀다. 동물성 지방은 가장 유력한 전립선암 인자로 꼽힌다. 따라서 붉은 고기 등 동물성 지방의 섭취, 고칼슘, 탄수화물, 염분이 많은 음식을 줄이고 채소를 다양하게 충분히 먹는 게 중요하다. 특히 식이섬유가 풍부한 고구마, 토마토, 된장, 녹차 등이 전립성암 예방효과가 있다고 한다.

암 조기 발견이 생존율을 높인다

의료기술이 빠르게 발전은 하고 있지만 아직도 사망률 1위는 암이다. 신문지상에 나오는 유명인사들의 사망기사를 보더라도 최종사망원인은 대부분 암이다. 그러나 암은 조기 발견하면 완치율이 90%를 넘는다. 위암, 간암, 대장암, 유방암, 자궁경부암이 그렇다. 한국의 암 환자의 5년 생존율은 세계수준이다. 이는 의료기술의 발달과 건강검진을 통한 암 조기 발견이 크게 기여하는 것이다.

다음 표에서 보는 것처럼 5년 생존율은 갑상선암이 99.9%로 가장 높고 다음이 전립선암, 유방암 순이고 아직도 췌장암이 생존율이 제일 낮다.

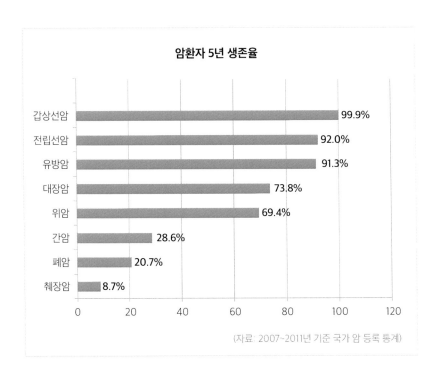

암환자 5년 생존율

암종	생존율
갑상선암	99.9%
전립선암	92.0%
유방암	91.3%
대장암	73.8%
위암	69.4%
간암	28.6%
폐암	20.7%
췌장암	8.7%

(자료: 2007~2011년 기준 국가 암 등록 통계)

4장

생활 속의 건강관리

생활 속의 건강관리

바쁜 일과 중에서 별도의 운동시간이 부족하다면 생활 속에서 할 수 있는 운동은 얼마든지 있다. 자동차를 주차장에 두고 지하철 타기를 생활화하면서 에스컬레이터, 엘리베이터 이용을 하지 않고 계단 오르기나 걷기만으로도 하루의 운동량이 충분하다.

대중교통을 이용하면 여러 가지 장점이 있다. 경제적인 것도 있겠지만 더 중요한 것은 시간 활용이다. 자동차를 이용하면 오로지 운전에만 집중해야지 다른 것을 할 수 없다. 모든 교통위반을 해서도 안 되고 요즘은 운전 중 스마트폰을 사용해도 벌금을 내야 하기 때문이다. 대중교통을 이용하면 흔들림 없는 지하철은 책을 읽을 수 있고 버스에서는 음악이나 방송을 들을 수 있고 피곤하면 잠시 눈을 감을 수도 있다. 대중교통은 엄청난 운동량으로 별도의 헬스클럽에 다닐 필요가 없다. 운동량이 좀 부족하다고 느끼면 가까운 운동장이나 공원에서 간단한 운동을 할 수 있다.

또한 생활 속의 운동은 장소에 구애받지 않고 사무실, 야외, 집에서도 스트레칭과 팔, 다리 운동은 언제든지 할 수 있다. 나이가 들면서 반드시 근력운동을 해야 하는데 꼭 헬스장에 가야 하는 것은 아니다. 집에서 TV 시청하면서도 스트레칭은 물론 앉았다 일어나기, 발끝치기 운동, 아령 들기, 팔 굽혔다 펴기 등 근력운동도 얼마든지 할 수 있다. 부족한 운동은 주말을 이용하여 스포츠 동호회, 등산, 자전거 등 1인 1기의 운동을 하면 된다.

걷기가 제일 좋은 운동이다

사람들은 건강을 위해서 많은 운동을 한다. 그 많은 운동 중에서 가장 좋은 운동이 걷기운동이다. 몸이 아파서 병원에 가면 모든 의사가 한결같이 권유하는 것이 하루 30분, 1시간 정도 걸으라는 것이다. 걷기운동은 운동이라기보다 일상생활이다. 걷기는 헬스클럽, 운동장에서만 하는 것이 아니다. 집에서도 걷고 학교 갈 때도 걷고 버스 정류장, 전철역까지 걷고 시장 갈 때도 걷는다. 언제 어디서나 시간 장소에 구애받지 않고 할 수 있는 것이 걷기운동이다. 우리 몸의 근육 가운데 80%가 다리와 허리에 집중되어 있다. 따라서 걷기는 몸의 근육을 단련시키고 시장과 폐의 근육을 단련시키고 심장과 폐의 기능을 강화시켜준다. 또한 뇌를 자극해서 뇌의 노화를 방지하고 활성화시키는 효과도 있다. 걸을 때는 허리를 펴고 눈은 앞을 보면서 보폭을 넓게 하는 것이 좋고 리듬을 타면서 땀이 날 정도의 속보가 좋다.

스트레칭을 생활화하자

등산, 골프, 수영을 비롯하여 모든 운동을 하기 전에는 스트레칭을 한다. 스트레칭은 근육의 긴장을 풀고 유연성을 높임으로 운동 효과도 올리고 운동으로 인한 부상을 사전예방하는 효과가 있다. 유연성이라는 것은 관절이 움직일 수 있는 범위와 근육 탄력성을 말한다. 스트레칭은 운동 전에만 하는 것이 아니라 아침 기상하기 전 침대, 거실, 책상, 사무실, 차 안에서 얼마든지 시간을 내어 할 수 있고 스트레스가 풀리고 기분이 상쾌해진다. 또한 스트레칭을 생활화하다 보면 관절통을 비롯하여 두통, 요통도 좋아지고 매일 꾸준히 해야 효과를 볼 수 있다.

나이 들면 수면 장애 온다

노화가 본격적으로 시작되는 50대부터 수면 장애가 눈에 띄게 늘어난다. 이는 고령사회의 경고등이다. 미국 국립수면 연구재단에서 연령별 적정 수면시간을 발표했는데 만 26세 이상은 7~8시간의 수면을 권장했다. 권장 수면시간보다 1~2시간 이상 적거나 많으면 비만, 심뇌혈관질환, 치매, 당뇨병 등 질환의 위험이 높다고 했다. 건강보험심사평가원 집계(2014년)에 의하면 수면 장애 환자 중 50대 이상이 65%를 차지한다고 한다. 수면 장애가 인구노령화와 현대인의 밤낮 부조화와 맞물려 있기 때문이다. 나이 들수록 잠의 질이 떨어져서 자다 깨기를 반복하는 수면 분절현상이 일어나고 생체시계 주기도 빨라져 새벽에 일어나게 된다. 특히 은퇴자의 전형적인 수면 장애는 불규칙한 기상시각에서 비롯되기 때문에 밤에 잠드는 시각보다 아침에 깨는 시각을 일정하게 유지할 필요가 있고 다음은 빛의 노출이 중요하다.

인간의 생체시계는 아침 빛에 작동하고 일몰에 꺼지는 리듬을 갖고 있는데 요즘 현대인들은 낮에 빛을 덜 보고 밤에 너무 환한 빛에서 생활하기 때문에 이 리듬이 깨져 수면 장애가 증가하고 있다고 한다. 그 외에도 낮잠은 15분을 넘지 말고 침실에 수면 장애요소를 없애고 자기 전 우유 한 잔도 수면에 도움이 된다. 또한 손 비비기, 손가락 만지기, 손 폈다 오므리기 등도 수면에 도움이 된다.

건강은 물이다(주기환 박사)

미국 뉴욕의대 주기환 박사에 의하면 그동안 많은 환자들과 접촉하면서 나온 통계에 의하면 유전, 감염, 독성에 의한 질병보다는 90% 이상이 생활습관 식습관에 문제가 있다고 했다. 생활습관에 따라 암이나, 뇌 질환, 고혈압, 당뇨에 노출될 가능성이 많다. 예를 들어 부모가 고혈압 당뇨병이면 유전인자 때문에 자녀도 고혈압, 당뇨병일 가능성이 높다는 것이다.

그러나 정상적으로 식사하고 음식을 짜게 먹지 않고 지방섭취를 많이 안 하고 꾸준히 운동하고 건강관리를 잘하면 고혈압 당뇨병에 노출될 가능성이 적다는 것이다. 하지만 유전인자가 전혀 없다 하더라도 정상적인 식생활을 안 하고 지방을 과다섭취하고 술, 담배를 좋아하고 운동을 안 하면 고혈압, 당뇨에 걸릴 확률이 높다는 것이다, 음식은 질병을 일으키는 뿌리다.

입으로 들어가는 3가지가 있는데 물, 음식, 공기다. 3대 영양소는 탄수화물, 단백질, 지방이다. 열량, 에너지, 엔자임이라는 효소가 필요하다. 나무를 태우면 재와 연기 노폐물이 발생한다. 지방을 많이 섭취하면 그렇지 않은 사람에 비해 대장암, 전립선암에 걸릴 확률이 높다. 따라서 반드시 운동해야 한다. 음식쓰레기 때문에 암, 심장질환, 뇌혈관질환 등을 일으킨다. 몸속의 노폐물을 없애려면 물, 비타민, 미네랄이 필요한데 물의 역할이 매우 중요하다.

물의 기능

1. 효소를 조절하는 기능이 있다.
2. 우리 몸의 영양소를 이동하는 수단이다.
3. 노폐물을 밖으로 내보내는 작용을 한다.

우리 몸은 약 4.5ℓ의 혈액이 있는데 혈액은 일정 수준의 농도를 유지해야 하는데 이를 유지하기 위해 물이 필요한 것이다. 사람은 하루에 체중 × 0.03의 물을 먹어야 한다. 평균적으로 약 2ℓ 정도다. 몸에 물이 없으면 노폐물이 축적된다. 커피, 사이다, 위스키 등은 혈액을 탈수시킨다. 강산성 음료가 몸에 들어오면 이것을 방어하기 위해 물을 뽑아낸다. 체중의 75%가 물이다. 암 환자의 특징은 탈수와 영양실조다.

암 환자의 특징은 물을 안 마신다. 우리 몸에서 유일하게 암이 없는 곳이 심장이다. 심장은 ① 산소가 풍부하고 ② 에너지가 공급되고 ③ 항상 운동하고 ④ 혈액으로 채워져 있다. 물을 안 마셔 심장을 때리면 심근경색이 되고 뇌를 때리면 뇌경색이다. 폭포 밑에 가면 왜 기분이 좋은가? 폭포는 음이온이다. 공해는 양이온이다.

만성탈수 자가진단(3개 이상이면 만성탈수의심)

1. 하루 평균 섭취한 물의 양이 3컵 이하
2. 기상 시 몸이 붓고 푸석한 느낌이 든다.
3. 피부가 거칠고 화장이 잘 받지 않는다.
4. 일주일 평균 배변횟수가 2회 이하이고 배변 시 과하게 힘을 준다.
5. 음주를 주 4회 이상이다.
6. 일주일 내내 피로감이 느껴진다.
7. 추위나 더위에 약하다고 느낀다.

건강은 치아관리다

옛말에도 치아는 5복 중에 하나라고 할 만큼 인체 중에서 중요하고 건강을 좌우하는 것이다. 음식을 잘 씹고 넘겨야만 위가 부담없이 튼튼해지는 것이다.

구강건강관리는 치아가 나면서부터 시작된다. 보건복지부와 질병관리본부가 발표한 2014년 국민건강통계에 따르면 우리나라 치주 질환 유병률은 남자 35.7%, 여자 22.9%에 달할 정도로 감기 다음으로 잘 걸리는 질환으로 건강보험료 지출도 연 1조가 넘는다고 한다. 잦은 음주와 흡연은 치주 질환을 악화시키는 주범으로 꼽힌다. 구강 내 세균이 쉽게 번질 수 있는 환경을 만들고 알코올이 잇몸출혈을 일으켜 염증이 잘 생기게 한다. 또한 칫솔질을 잘해야 하는데 짧은 시간에 강한 힘을 줘 위아래로 마구 닦는 습관이 치경부마모증을 부르고 이로 인한 잇몸과 치아 뿌리가 손상될 수 있어서 부드러운 칫솔 구석구석 꼼꼼히 닦는 올바른 칫솔질과 생활습관개선이 중요하다.

치아관리는 어릴 때부터 잘해야 하고 치아는 한 번 손상되면 다시 생성되지 않기 때문에 그 중요성은 매우 크다고 할 수 있다.

올바른 치아관리

어려서부터 건강관리에 대한 올바른 생활습관이 필요하고 그중에서도 올바른 칫솔질을 배워서 실천하는 것이 무엇보다도 중요하다. 아이가 충치로 치과를 찾는다면 어른들은 잇몸, 치주 질환 등으로 치과를 찾고 있는데 치주 질환은 치아 주변 조직과 잇몸뼈가 세균 감염에 의해 손상되는 것을 말한다. 보건복지부와 질병관리본부가 발표한 2014년 국민건강통계에 의하면 우리나라 치주 질환 유병률은 남자 32.7%, 여자 22.9%에 달하고 있다고 했고 이는 잦은 음주와 흡연이 많은 원인이 된다고 했다.

대한치과의사협회 이정욱 이사는 "충치에 취약한 아이와 치주 질환에 취약한 성인의 구강을 지키기 위해서는 올바른 칫솔질이 매우 중요하고, 국내에서는 칫솔질 교육이 드물어 잘못된 칫솔질을 하는 경우가 있다며 전동칫솔을 사용해 비교적 쉽고 올바른 습관을 들이는 것도 한 방법"이라고 말했다. 작은 헤드와 부드러운 칫솔모 등을 갖춘 제품을 선택해 3분간 구석구석 꼼꼼히 닦는 습관이 중요하다.

오랜 치주 질환으로 치아가 상실되면 결국 발치하고 틀니를 하거나 임플란트를 많이 하고 있는데 임플란트 수술비용이 고가여서 꺼리는 사람들이 많았다. 그러나 현재는 임플란트 건강보험 적용이 만 70세였으나 보건복지부는 2016년 7월부터 연령을 만 65세로 낮출 예정이다.

건강한 치아와 질환 예방을 위해 올바른 치아관리법을 알고 습관화하는 게 좋다

- 이를 갈거나 악무는 습관은 좋지 않다.
- 칫솔은 3개월 단위로 교체하는 것이 좋다.
- 3, 3, 3 법칙 - 하루 3번, 식후 3분 이내, 3분 동안 양치질을 한다.
- 치약에 물 묻히지 않기-물을 묻혀서 양치질하게 되면 치약 성분 연마제가 물과 희석되어 세정효과를 볼 수 없다.
- 정기적인 스케일링 - 잘 제거되지 않는 치석을 제거하기 위해 6개월 단위로 스케일링 치료가 필요하다.
- 치간 칫솔, 치실 사용하기 - 칫솔질이 닿지 않는 치아 사이사이는 치실과 치간 칫솔을 사용한다.

건강증진 십계명

우리나라 사람의 평균수명은 81세지만 건강수명은 73세이다(세계보건기구 자료). 8년을 병에 시달리며 지난다는 얘기다. 이 기간을 줄이기 위해서는 가장 먼저 생활습관을 철저히 관리해야 한다. 그러나 우리 국민의 생활습관이 점점 안 좋은 쪽으로 변하고 있다는 통계가 나왔다. 한국건강증진개발원에서 다음과 같은 건강증진 십계명을 내놓았다.

1. 금연하기
2. 음주는 119(1가지 술로, 1차로 9시 이전 끝내기)
3. 매일 한 시간 이상 움직이기

4. 아침밥 챙겨 먹기

5. 긍정적으로 생각하고 스트레스 줄이기

6. 일찍 자고 7시간 정도 숙면하기

7. 적절한 체중유지

8. 하루 나트륨 섭취량 200mg 이하

9. 과일 채소 500g 이상 섭취

10. 식후 칫솔질하기

제4차 국민건강증진 종합계획에 따르면 건강수명과 직결된 신체활동, 아침 식사, 음주, 흡연 등에서 성인의 신체활동률이 최근 감소 추세이고 유산소운동을 하지 않는 비율도 2008년 23.5%에서 2014년 40.2%로 늘었고 근력운동도 전체성인의 79.2%가 하지 않는 것으로 나타났다.

또한 아침 식사 결식률도 남성의 경우 2000년 19.5%에서 2014년 25.7%로 높아졌고 해가 갈수록 국민들이 받는 피로감이나 업무 스트레스 같은 심리적 압박감이 커지는 추세라고 한다. 이러한 모든 것들이 건강수명을 결정짓는 주요 원인이며 경희대병원 가정의학과 원장원 교수는 "신체활동량이 줄면 비만을 비롯한 만성질환에 걸릴 위험이 커지고 노인의 경우 우울증, 인지 저하 같은 문제를 유발할 수 있으며 아침 식사를 거르면 위장장애를 잘 겪고 과식, 폭식을 유발해 비만 위험이 커지며 스트레스가 잘 관리되지 않는다. 음주흡연도 알코올, 타르 같은 발암물질이 온몸을 공격해 건강수명을 단축한다고 한다.

강석규 박사의 건강비결

호서대 설립자이자 총장이었고 96세에 『생각을 바꿔보라 희망이 보인다』 『성공의 습관』을 출간하고 103세에 작고한 강석규 박사는 독실한 기독교 신자였고 평소 실천했던 생활철학은 다음과 같다.

① 소식: 강 박사는 어려서부터 위장이 약해 과식하면 탈이 나서 배가 아파 고생을 많이 했는데 그때부터 소식이 정착되어 50세 이후는 위장장애로 병원에 가지 않았다고 한다.

② 잡식: 채식, 과일 위주의 식사를 했으며 육식은 집에서는 안 하고 외식을 자주 하기 때문에 그때 먹는 육식으로도 충분했다고 한다. 어류는 뼈까지 다 씹어 먹었고 사과는 껍질까지 다 먹었다고 한다.

③ 규칙적인 생활: 오전 7시에 아침 식사, 오후 1시는 점심, 오후 7시에 저녁 식사를 일 년 열두 달 반드시 실천하였다고 한다.

④ 운동: 하루 5,000보 걷기. 부족시는 저녁 후 반드시 보충했다.

그리고 강 박사는 평소 부인에게 다음과 같은 식단을 부엌에 붙여 주었다고 한다.

① 잡곡밥
② 시금치 된장국
③ 김치 또는 야채
④ 생선 한 토막
⑤ 탈지 우유 또는 두유 한 컵
⑥ 사과 한 쪽 이상

정기적인 건강검진

정부에서는 매년 무료로 기본적인 건강검진을 해준다. 혈압, 혈당, 콜레스테롤 검사, 흉부 촬영 등을 하고 있지만 많은 사람이 국가검진만으로는 충분하지 못하다고 하여 큰 병원에서 건강검진을 받으려고 한다. 건강한 사람이라면 20~30대에 국가검진만 받아도 되지만 40대 이상이 되고 또한 가족력, 병력이나 생활습관에 따라 검사항목을 추가할 수도 있다. 세브란스 체크업 김광준 부원장은 위암과 대장암의 경우도 40대부터 발병률이 높아지므로 위내시경과 대장내시경을 받는 것이 필요하고 50대 이상 흡연자, 고혈압, 당뇨병, 이상지질혈증이 있는 사람은 심장병, 뇌졸중, 위험이 높으므로 한 번쯤은 CT, MRI를 포함한 정밀검진을 받아보는 것이 안전하다고 하고 건강검진은 가급적 한 병원에서 꾸준히 받아야 꼭 필요한 검진만을 받을 수 있고 검진결과가 축적되어 다음 검진 때 이를 반영할 수가 있다고 한다. 무료서비스는 아니지만 정부가 운영하는 보건소를 이용하면 여러 가지 건강체크와 치료도 싼 비용으로 이용할 수 있고 65세 이상 노인은 진료 대부분이 무료다.

건강관리 수칙 5過 5正

인간은 누구나가 모두 건강하게 오래 살고 싶은 것이 최대의 욕망이다. 늙기를 싫어하고 죽는 것은 두려운 것이다. 누구나가 모두 웰빙(Well-being)을 추구하고 웰다잉(Well-dying)을 소망한다. 한국인의 평균수명은 81세이지만 정신적으로 건강하게 정상적인 생활을 하는 건강수명은 70

세 정도로 나타나고 있어 건강수명을 늘리기 위한 관심이 그 어느 때보다도 높다. '99 88 234'라는 유행어도 죽을 때까지 건강하게 살다가 2~3일 가족도 만나고 유언도 남기고 죽음을 맞이하자는 뜻이다.

한국보건영양연구소 박명윤 박사는 건강 관리에 대해서 5과(過) 즉, 과식(過食), 과음(過飮), 과로(過勞), 과욕(過慾), 과색(過色)를 삼가고 5정(正) 즉, 정식(正食), 정동(正動), 정면(正眠), 정식(正息), 정심(正心)의 생활을 실천하라고 하고 성인병이라고 부르는 생활습관병을 예방하고 건강하게 장수할 수 있다고 한다.

과식은 비만을 초래하고 각종 성인병의 원인이 되고 적당한 음주 한두 잔은 약주라고 했으나 과음은 신체적 정신적 사회적 손상을 가져온다. 과로하면 병이 생긴다. 과로를 계속하면 죽음에 이를 수도 있기 때문에 지나치게 무리하지 말아야 한다.

다음은 과욕을 부리지 말아야 한다. 과유불급이라고 했다. 지나친 것은 안 하는 것만 못한 것이다. 욕심을 버리면 모든 갈등과 스트레스가 사라진다. 다음은 과색이다. 문란한 성행위는 성병 등 큰 불행이 올 수도 있다. 건전한 성행위는 진실한 사랑이 동반되어야 한다.

정식(正食)은 하루 세끼 규칙적으로 알맞게 먹어야 하고, 짜고 기름진 것을 피하고 즐거운 식생활을 해야 균형 잡힌 식생활이 건강한 삶의 근원이 된다는 말이다. 정동(正動)은 하루 일정한 양으로 땀이 나고 숨이 찰 정도의 운동을 하고 유산소 근력 유연성 운동을 적절히 배합해야 한다는 뜻이다. 정면(正眠)은 하루 7시간 정도의 쾌적한 숙면을 취하고 일찍 자고 일찍 일어나는 습관이 좋다는 말이다. 정식(正息)은 현대인은 호흡이 얕고 짧은데 깊고 길게 하라는 것이다. 흉식호흡을 복식호흡(배로

숨을 쉰다)이 되도록 한다. 정심(正心)은 항상 기쁘고 감사하는 마음을 갖는 것이고 마음속의 분노, 불안, 질투, 강박관념 등 부정적인 감정이 있으면 안 되고 감사하고 낙천적인 태도를 갖도록 해야 한다.

지금 어떻게 살고 있느냐

직장에서 사원이든 임원이든, 경비원이든 장관이든, 달동네에서 살든 저택에서 살든 80세가 되고 90세가 되면 지나온 것은 어느 것도 중요한 것이 없다. 가장 중요한 것은 지금 내가 어떻게 살고 있느냐이다. 그리고 무엇을 하며 건강하게 살고 있느냐이다.

필자 또한 학교 동문 모임이나 또 전 직장의 모임이 많다. 등산, 체육대회나 송년모임 등 각종 모임에 나가면 가장 활기차게 놀고 큰소리치는 사람은 오로지 건강한 사람이다. 흔히들 이런 얘기를 한다. "이 세상을 다 얻더라도 건강을 잃으면 무슨 소용이 있느냐"고 흔한 얘기이지만 다시 한 번 음미해볼 만하다. 건강보다 더 큰 재산은 없다. 노후의 건강생활을 위해 지금서부터 건강을 위한 투자를 게을리하지 말아야 한다.

의학의 발달, 식생활의 개선, 다양한 건강관리로 인간의 수명은 계속 늘어나고 있다. 그러나 건강관리도 스스로 철저한 관리를 해야 한다. 나이가 들어 다른 자산이 다소 부족하다 하더라도 건강에만 자신 있으면 언제 어디서 무슨 일을 하더라도 자신감 갖고 활력이 넘치는 생활을 할 수 있다.

금전적으로 여유가 있다 하더라도 건강이 따라주지 않으면 매사에 자신감이 없고 만사가 귀찮을 것이다. 노후의 행복한 삶에서 가장 중요한 것은 건강한 생활이라는 것은 아무도 부정할 수 없는 요소이다.

노후에는 젊었을 때보다 신체적인 노화로 인해 건강한 생활을 하기 어렵다. 질병에 걸릴 확률도 높다. 따라서 건강은 젊어서부터 꾸준히 관리해야 한다.

모든 질병은 마음에서 온다

옛날에 유명한 의학자이신 '구선자(九仙子)'라는 분이 있었는데 하루는 40세 정도의 환자가 찾아와서 이러한 증상을 얘기했다.

"온몸에 기운이 다 빠져나가고 일할 의욕이 없어지며 온몸이 갑갑하며 목이 꽉 막히는 것 같고 가슴이 답답하고 기가 부대껴 헛배가 부르고 팔다리가 뒤틀리며 마비가 옵니다. 또 이렇게 몸과 마음이 괴로우니 입술을 깨물고 이를 악물고 눈을 부릅뜨며 고통을 참으려 해도 참을 수 없고 주먹을 불끈 쥐고 빨갛게 달아오르며 귀까지 빨개지고 온몸이 불같이 뜨거워집니다. 그래서 많은 의사를 찾아다니며 무수한 약을 써 보았지만 소용이 없었습니다."

그러자 구선자(九仙子)는 처방을 하나 내주면서 이렇게 말했다.

"이 병은 세상의 어떤 의술로도 고치기 어렵습니다. 오직 이 처방만이 당신의 병을 고칠 수 있으니 잘 복용하면 원기 보전하고 굳건해져 병이 낫게 될 것입니다. 원기가 보전되고 굳건해지므로 나쁜 기운이 침범치 못하여 만병이 생기지 않고 걱정 근심 없이 편안하게 오래도록 살 수 있을 것입니다."

세상에 이런 명약이 있을까요? 구선자의 처방은 보화탕(保和湯)이란 것인데 30가지 재료로 되어 있다.

내용을 요약하면 아래와 같다.

1. 나쁜 생각을 하지 말고 착한 일을 행하라.
2. 자기의 분수를 지키고 시기하지 말라.
3. 모든 일에 성실하며 항상 옳은 길을 따르라.
4. 욕심을 부리지 말고 행동을 바르게 하라.
5. 순리를 잘 지키고 약자를 사랑하라.

이 세상에는 정말 어떤 약으로도 치료가 될 수 없는 병이 많다. 그것은 곧 마음의 병인 것이다. 병은 마음에서 시작된다. 사람이 시기하고 질투하면 파괴적이며 건강에 해롭다. 그것은 대단히 해로운 감정이며, 불면증과 위장병을 일으킨다. 분노는 혈압에 영향을 미치며 심장질환, 두통, 출혈, 현기증을 일으킨다. 반면에 평온한 마음과 정신의 평화는 건강한 신체를 갖게 해준다.

유대인이 기록한 66권의 '성경(聖經)' 가운데 갈라디아 5장 22절에 의하면 인간의 행실에 대해서 쓰여있다.

첫째는 사랑, 둘째는 희락, 기쁨, 즐거움, 셋째는 화평, 평화, 넷째는 오래 참음, 인내, 다섯째는 자비, 친절, 여섯째는 양선, 선함, 일곱째는 충성, 믿음, 여덟째는 온유, 온화, 아홉째는 절제, 자제라고 한다.

성경을 믿고 있는 종교인들은 그것을 '성령의 열매' 또는 '영의 열매'라고 부르기도 한다. 하지만 성경을 믿고 있다고 주장하는 수많은 유대인과 가톨릭 교인과 프로테스탄트 교인들이 말이나 행실에 있어서 진짜로 '영의 열매'를 맺은 사람이 지구상에 과연 몇 명이나 되겠는가? 서로에게 관심을 나타내주고, 격려해주고, 좋은 것은 이웃과 교환하며 사랑하며 인생의 삶을 살아갈 때 희망이 있고 의미 있는 삶이 될 것이다. 남을 사랑하는 사람은 저절로 건강한 정신과 건강한 육체를 갖게 될 것이다. 또한 건강한 삶을 위한 젊음과 아름다움을 오래도록 유지하는 5쾌 법칙은 아래와 같다.

① 쾌소(快笑): 항상 함박웃음을 얼굴에 머금는다.
② 쾌식(快食): 항상 즐거운 마음으로 맛있게 먹는다.
③ 쾌동(快動): 항상 경쾌하게 움직이며 평소 많이 쓰지 않는 부위를 골고루 움직여 준다.
④ 쾌변(快便): 완전히 배설하여 가벼운 몸의 상태를 유지한다.
⑤ 쾌면(快眠): 완전한 휴식을 취한다.

5장

건강 장수의 비결

건강 장수의 비결

필자는 지난해 부부동반 모임으로 세계에서 100세 이상 노인이 가장 많이 사는 오키나와에 여행을 갔었는데 호텔에서 어느 분한테 장수의 비결을 물었다. 그들은 한결같이 '절제된 식생활습관, 항상 여유롭고, 즐거운 생각, 좋은 공기'를 얘기했다. 또한 오키나와 북부에 위치한 오기미 마을 해변 근처에 있는 기념비에는 "70세에 당신은 어린아이고 80세에 당신은 청년이고 90세에 당신을 천국에 초대한다면 100세까지는 기다리라고 말해라"라는 고대 오키나와의 속담이 새겨져 있었다. 요즘 이애란이라는 가수가 부른 '100세 인생'의 가사와 흡사하다.

100세 장수인의 특성은 규칙적인 운동을 하고 평온한 마음을 지니고 있으며 활달한 성격의 소유자들이고 매사에 감사하는 마음을 갖고 있었다. 또한 종교를 갖고 신앙생활을 하면서 건전한 일상생활을 하며 사회 봉사활동에도 적극적으로 참여하는 사람이 많았다. 희망과 낙관주의가 우리 인간의 면역 체계를 강화해주고 감사하는 마음을 습관화하면 행복지수가 올라가고 건강하게 장수할 수 있다고 한다.

모든 사람은 오래 살기를 희망한다 알렉산더 대왕은 전설 속 생명의 삶을 찾았고 진시황은 불로초를 찾아 헤맸다. 동서고금을 막론하고 인류는 오랜 세월을 살아오면서 장수의 꿈을 키워 왔다. 인류가 꿈꾸어온 장수가 이제 천천히 실현되어가고 있다. 생명공학, 신약개발 등 의학기술이 발달하면서 인간의 수명은 날이 갈수록 늘고 있다. 세계보건기구가 발표한 2011년 통계보고서에 의하면 한국인의 평균수명기대는 2020년에는 90세를 넘을 것이라 한다. 100세 시대가 바로 코앞에 와있다. 그러나 병치레 없이 건강하게 오래 살아야지 병상에서 일상생활을 잘못하면서 오래 사는 것은 정말 비극이다. 지금도 평균수명은 81세이지만 건강수명은 71세로 10년 정도는 병치레하면서 산다는 것이다. 모든 사람의 희망은 흔히들 유행어로 되어 있는 '99 88 234', 다시 말해 99세까지 건강하게 살다가 죽는 것이다.

운동은 백신이다

벤자민 프랭클린은 인류를 움직일 수 없는 자, 움직일 수 있는 자, 움직이는 자, 이렇게 세 분류로 나누었다. 운동으로 인한 규칙적인 신체활동은 각종 원인으로 인한 사망률을 38%나 낮춰주고 심혈관계질환을 비롯한 각종 질병을 개선하고 비만과 노화를 막아준다.

운동하는 동안 우리 몸의 심장은 더 많은 산소를 요구하고 이에 부응하려면 혈류량이 늘어나고 심장박동이 빨라 지는데 계속적인 운동으로 심장이 빠른 박동에 익숙해지면 운동을 하지 않을 때는 심장이 천천히 뛰고 심장박동수가 적어질수록 건강에 좋다. 현존하는 동물 가운데 몸집이 가장 큰 청고래는 130년까지도 살 수 있다고 하는데 심장박동이 굉장히 느려지고 수면에 올라와 있을 때는 1분에 8회 심해에 내려가 있을 때는 4회까지 떨어진다고 한다. 심장박동을 줄이고 장수하는 좋은 방법은 매일 규칙적으로 걷기, 자전거, 수영 같은 유산소 운동이라고 한다. 또한 운동은 치매를 예방하는 효과도 있다. 운동은 뇌의 혈액순환이 개선되고 산소공급이 원활해져 기억력 같은 지적기능에도 도움을 준다.

금연은 어려운가?

담배는 몸에 나쁘다는 것은 알면서도 중독된 사람에게는 정말 끊기 어렵다. 흡연은 치료가 필요한 만성질환이다. 니코틴은 중독으로 인한 정신 행동장애를 유발한다. 니코틴의 중독성은 카페인, 알코올 등 다른 중독물질보다 훨씬 강력하다는 점이다. 니코틴은 빠른 흡수력이 있어 즉각적인 쾌락을 느낄 수 있고 중독성으로 인하여 끊기가 매우 어렵다.

만성폐쇄성 폐 질환(COPD) 환자, 60% 이상이 흡연자

COPD는 독성물질이 공기 중에 섞여 있다가 기관지로 들어와 생긴다. 흡연이 주로 위험요소다. 담배를 오래 피면 연기 속 타르 등의 물질이 기도와 기관지 폐를 자극해 염증을 일으킨다. 10년 이상 담배를 피운 40세 이상 흡연자는 정기적으로 폐 기능 검사를 받아야 한다. COPD를 예방하는 방법은 금연밖에는 없다. 조기 금연이 아니면 효과가 적다. 흡연으로 인한 감소된 폐활량과 폐 조직은 다시 회복되지 않는다.

국립암센터 가정의학과 홍관 교수는 흡연자들이 아무 도움 없이 금연을 시도하는 것은 매우 어렵고 흡연은 뇌에 변화가 생기는 일종의 중독질환이라고 했다. 흡연은 폐암, 방광암, 위암, 췌장암 등 10여 종의 암 발생에 관여하고 있으며 특히 췌장암은 발병하면 치사율이 가장 높은 질환 중의 하나인데 연구에 의하면 금연을 하면 30%나 줄일 수 있다고 한다.

금연 클리닉

서울금연센터 김대진 교수(서울성모병원 정신의학과)는 담배를 피우면 뇌에 있는 니코틴수용체가 다시 줄어들려면 3~6개월이 걸리는데 이 기간을 혼자 힘으로 버티는 사람은 약 3%에 불과하다며 이때 약이나 심리상담을 받으면 금연율이 50% 이상으로 올라간다고 한다. 현재 국내에서 금연을 원하는 사람들을 위해 병원과 정부에서 다양한 금연지원 프로그램을 운영 중인데 이를 이용하면 성공할 가능성이 매우 큰데도 참여율이 저조한 것으로 되어 있다. 국립건강보험공단에서는 병원을 지정하여 금연 클리닉을 운영하고 있고 진료비도 70% 지원받을 수 있고 한국 건강증진개발원은 지역별로 18개의 병원에 국가금연지원센터를 만들어 1박 2일, 4박 5일 금연캠프를 운영하면서 금연을 위한 심리상담과 약 처방을 무료로 받을 수 있다. 금단현상은 담배를 끊는 첫 주에 가장 심한 데 캠프에 참여하면 큰 효과를 볼 수 있다고 한다. 또한 국립암센터에서는 전문금연상담사가 금연을 효과적으로 할 방법을 알려주기도 한다.

심장이 건강해야 한다

한국인의 사망원인 1위가 암이고 다음이 뇌혈관질환, 3위가 심장질환이지만 얼마후에는 1위가 심장질환이 될 것으로 전망하는 사람도 있다. 이렇게 심장질환이 늘어나는 이유는 한국인의 식생활과 생활습관의 서구화로 가면서 최근 우리나라에서도 동맥경화에 의한 심장질환이 늘어나 사망원인의 상위를 차지하고 있다. 육식을 많이 하면서 고지방, 고칼로리의 음식 섭취가 늘어나면서 고혈압, 고지혈증, 비만 등의 환자가 늘어나고 혈관에 쌓인 콜레스테롤과 중성지방으로 혈관이 좁아져 동맥경화가 되고 노화의 가속화가 심장혈관질환으로 발전하는 것이다.

심장마비를 일으키는 심근경색증

동맥경화성 심장병의 대표 질환이 바로 심근경색증과 협심증인데 산소와 영양분을 공급하는 관동맥이 막히거나 좁아져서 생긴다. 심근경색증은 관동맥이 완전히 막힘으로써 그 혈관이 연결된 심장근육이 손상을 입는 상태를 말한다. 심장근육은 끊임없이 수축하는 근육이기 때문에 다량의 산소와 영양분을 계속적으로 공급받아야 한다. 혈관이 막힘으로써 산소와 영양 공급이 단절되면 그 부분의 심장 수축력이 급격히 저하되고 수 분에서 수십 분 이내에 심장근육 세포는 죽게 된다.

이러한 혈액공급의 중단은 심근 허혈 현상(흉통)과 심장의 펌프 기능의 급격한 저하(심부전), 그리고 심한 부정맥이라는 세 가지 결과를 초래하게 되며 이를 잘 치료하지 않으면 중대한 결과가 초래된다.

시간이 생명이다

심근경색의 가장 중요한 증상은 흉통이다. 동맥경화 위험 인자가 있는 환자에서 가슴 한가운데에 누르듯, 조이는 듯한 통증이 30분 이상 지속되면 심근경색을 의심하게 되며 빨리 병원으로 이송하여 심전도와 혈액 검사를 시행하여야 한다. 일단 심근경색이 확인되면 시술로 막힌 혈관을 뚫어 주어야 한다. 중요한 점은 이 시술이 최대한 빨리 시행되어야 한다는 점이다. 심근경색은 발생 초기에 심한 부정맥으로 사망할 확률이 높기 때문에 조기 진단과 치료가 매우 중요하다.

진단 측면에서는 심장 초음파를 이용하여 심장의 기능과 손상 부위를 알 수 있고 심근 스캔을 이용하여 심근의 손상 정도와 혈관 폐색 및 협착 여부를 알 수 있으며 관동맥 조영술로 막히거나 좁아진 혈관에 조영제를 주사하여 혈관 구조를 직접 알아보는 방법으로 어느 부위가 막히고 어떻게 좁아졌는지를 정확하게 알아낼 수 있다.

위험 인자를 줄여야 한다

심근경색은 발병 위험인자의 철저한 예방이 필수적이다. 매일 30~40분씩 운동하고 금연하는 건강한 생활습관이 예방에 많은 도움이 된다. 중요한 식습관으로는 저지방 식이와 함께 신선한 채소와 과일을 섭취하는 것이 매우 좋다. 심근경색증의 예방은 일반적으로 동맥경화증의 예방과 같다. 동맥경화의 4대 위험 인자는 흡연, 당뇨병, 고혈압 및 고 콜레스테롤 혈증이다. 가족 중에 동맥경화증 환자의 유무, 비만, 정신적 스트레스 등이 위험 인자가 된다. 식이요법 및 운동요법은 이러한 위험 인자를 줄이는 방법이다.

면역력을 길러라

1) **면역력은 의사다**: 면역력은 질병 예방의 절대적이다. 면역력을 강화하는 것은 내 몸에 들어오는 병을 치료할 수 있는 의사의 역할을 한다. 우리는 면역력을 강화하기 위해 몸에 좋다는 음식, 각종 영양제, 보약 등을 섭취한다. 병을 치유하는 것은 환자 개인의 의지가 매우 중요하기 때문에 의사에게 의존하는 자세를 버리고 스스로 몸을 돌보는 면역을 키워야 한다.

생활방식을 바꾸고 조화로운 생활을 유지하면 몸 상태가 좋아지고 손발이 따뜻해지며 스스로 기력이 좋아지고 있다는 것을 느낄 수 있는 것이다. 특히 면역력의 중심인 장이 활성화되어 소화가 잘되고 규칙적인 배변이 잘되면 이는 바로 건강이 좋아지고 있다는 신호인 것이다. 약은 편안한 환경을 만드는 부분적 치료제로서 약에 전적으로 의존하는 것은 위험하며 이로부터 벗어나는 것이 계속 약을 복용하는 악순환에서 벗어날 수 있는 최선이 방법이다.

2) **병을 만든 사람은 바로 내 자신이다**: 모든 병이 내 자신이 만든 것이라고 생각할 때 효과적인 치료법도 깨닫게 되는 것이다. 과로로 피로하고 신경이 쇠약해지고 스트레스가 많이 온다면 휴식을 취하고 안정적인 생활을 하려고 노력할 것이다. 어떤 질환이 오면 병을 만든 사람이 나이기 때문에 치료하는 사람도 자기 자신이라는 점을 깨달으면 놀라운 힘을 발휘하여 병도 극복할 수 있을 것이다.

3) **스트레스 관리**: 교감신경은 스트레스나 감정의 변화에 쉽게 영향을 받는다. 사람들은 흥분하면 혈압이 상승한다. 스트레스로 인한 병은 그

스트레스에서 벗어나지 않는 한 치유가 불가능하다. 체조, 산책, 반신욕 등을 통해 적극적으로 부교감신경의 자극을 향상하고 혈류를 원활하게 하는 생활습관을 가져야 하고 올바른 생활습관을 계속 지속하면 스트레스에서 벗어날 수 있고 차츰 면역력도 기르게 되는 것이다.

4) **통증 관리**: 사람들은 통증이 오면 일반적으로 소염진통제를 사용한다. 약으로 통증을 감소시키면 일시적으로 고통은 완화되겠지만 활성화된 신체의 치유반응은 단절되고 약의 효능이 떨어지면 다시 통증이 재발하는 것이다. 통증을 자연스럽게 치료하는 방법은 항상 몸을 따뜻하게 해주고 근육운동이 좋다. 체온을 상승시키는 데는 요즘 장딴지 마사지를 많이 권유하고 있다. 장딴지는 제2의 심장이라고 한다. 장딴지 마사지는 자극이 혈관에 펌프 역할을 하면서 하반신의 정맥혈을 신속하게 심장으로 올려 보내면서 혈액이 부드럽게 온몸을 순환하게 된다. 장딴지 마사지는 자율신경을 조절하여 면역력을 높이고 기초대사를 향상시켜 신진대사를 촉진하고 체온을 상승시키는 효과가 있다.

5) **면역 체계의 효과**: 히포크라테스는 면역은 최고의 의사이며 치료법이라고 했다. 다시 말해 신체 내 문제가 생겼을 때 스스로 치료하는 의사인 것이다. 면역 체계는 우리 몸에서 중요한 기능을 한다.

① 방어작용으로 외부의 세균과 바이러스 등 독성물질로부터 우리 몸을 보호해준다.
② 정화작용으로 각종 오염물질과 중금속 면역세포에 의해 죽은 세균 등을 깨끗하게 청소하여 외부로 배출한다.
③ 재생작용을 하여 훼손된 기관을 재생해 건강을 회복시켜준다.

④ 기억작용으로 인체에 침입한 항체를 기억했다가 다시 침입하면 항체를 만들어 대행한다.

6) **김치의 효과**: 김치에는 엄청난 양의 유산균이 들어 있다. 김치의 유산균들은 마치 요구르트에 든 유산균처럼 장내 소화에서 살아남아 대장까지 도달할 수 있는 것으로 알려져 있다. 김치가 면역력에 좋다는 얘기를 많이 하는데 이는 유산균이 생산하는 젖산은 몸속을 순환하는 백혈구의 하나인 T세포의 면역기능에도 도움이 되고 양념에 들어가는 마늘, 양파는 항균작용이 있을 뿐 아니라 항화합물 등 항암물질도 함유하고 있다.

몸이 따뜻해야 산다

몸이 따뜻하면 살고 차가워지면 죽는다. 어느 유명한 의사가 40년간 자기가 40년 동안 환자를 치료하면서 건강비법을 알고 있는데 내가 죽거든 금고 속에 있는 건강비법을 확인하고 널리 알리라고 하였는데 의사가 죽고 많은 사람들이 호기심에서 금고를 열어보니 그 비법은 다름 아닌 두한족열(머리는 차갑고 발은 뜨겁게), 위팔분도(위의 팔 할만 채워라)하면 무병장수한다고 써 있었다. 거북이와 학은 오래 사는 것으로 알려져 있는데 이유는 과식하지 않기 때문이다.

몸이 차가워지면 여러 가지 증상이 나타나는데 감기에 걸리고 두뇌건강이 약해지고 피부질환이 생기고 시력도 안 좋아진다고 되어 있으며 따듯한 차를 마시면 몸이 따뜻해진다.

아침 일찍 일어나면 뜨거운 차를 마셔 뱃속을 편안하게 해주면 식사 후에 저절로 몸이 따뜻해지고 피 순환도 잘된다. 매운 음식, 발효 음식이 몸을 따뜻하게 하고 마늘과 생강은 몸을 따뜻하게 해준다고 한다. 땀을 흘려야 몸이 따뜻해진다. 운동 중에는 속보, 달리기, 등산, 자전거, 수영 등 유산소 운동이 좋다. 땀을 흘리는 방법은 여러 가지가 있다.

운동과 등산 등을 해서 땀을 흘릴 수 있다. 그런데 문제는 땀을 흘리고 난 다음이다. 사람들은 기껏 열심히 운동하고 나서 찬물이나 찬 음료를 마신다. 이렇게 하면 찬 것을 빼고 다시 찬 것을 몸에 넣어 운동한 것이 허사가 된다. 운동이나 등산해서 열심히 땀을 빼서 몸을 따뜻하게 만들어 놓고 다시 찬 것을 먹어서 헛일로 만드는 것이다. 땀을 흘리고 나서 찬 음료수를 먹으면 입과 목구멍은 시원하지만 뱃속은 더 차가워지게 된다.

단전호흡은 속 기운을 키워준다. 항문 조이기 운동, 단전호흡을 열심히 하자. 바른 자세는 기운을 잘 통하게 한다. 억지로라도 허리를 펴고 앉자. 배를 따뜻하게 해주자. 단전을 따뜻하게 하면 정력이 좋아진다

100세 노인 3,000명 넘어

통계청이 발표한 '2015년 인구주택조사-100세이상 고령자 조사' 결과에 의하면 2015년 11월 1일 기준으로 만 100세 이상 고령자는 3,159명으로(인구 10만 명 당 6.6명) 조사되었다. 2010년 1,835명보다 72.2% 증가한 것으로 나타났다. 이는 2005년 961명이었는데 10년 만에 3배 가량 늘어난 것이다. 성별로는 여성이 2,731명(86.5%)이고 남성이 428명(13.5%)으로 여

성이 월등히 많다.

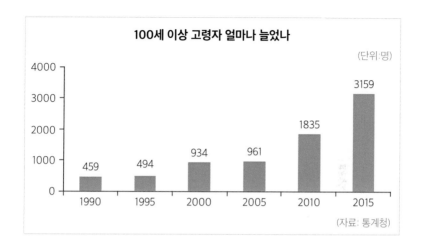

100세 이상 고령자 얼마나 늘었나

(단위·명)

4000

3000 — 3159

2000 — 1835

1000 — 459   494   934   961

0

1990 1995 2000 2005 2010 2015

(자료: 통계청)

지역별 통계

100세 이상 고령자는 경기도가 692명, 서울 521명, 경북 224명 순이었고 인구 10만 명 당 고령자는 제주 17.2명, 전남 12.3명, 충북 9.5명 순이었다.

시군구별 인구 10만 명 당 고령자는 충북 괴산군이 42.1명으로 전국 1등이고, 경북 문경시 33.9명, 전남 장성군 31.1명 충남 서천군 31.0명, 경남 남해군 29.0명 순으로 대부분 군지역으로 나타났다.

현 상태 및 거주환경

고령자가 현재의 삶에 대해 행복하다는 응답이 34.4%, 그저 그렇다가 46.6%, 불행하다는 응답이 14.3%로 조사되었다. 100세 이상 고령자가 가족과 함께 사는 비율은 44.6%로 2010년 57.1%에 비해 12.5% 포인트 감소했고 노인 요양원, 요양병원에 거주하는 비율은 43.1%로 2010

년 19.2%에 비해 23.9%포인트 증가한 것으로 나타났다. 100세 이상 고령자를 돌보는 사람은 시설 종사자 및 간병인 등 유료 수발자가 48.2%에 달하며, 가족이 45.6%, 이웃 또는 무료 수발자가 3.1%로 조사되었다. 본인의 이름을 정확히 인지하고 있는 100세 이상 고령자는 68.2%이며, 본인의 나이를 정확히 알고 있는 고령자는 42.6%였다고 한다. 돈 계산 등이 가능한 고령자는 28%이고, 따로 사는 자녀를 알아보는 고령자는 67.4%로 조사되었었고 고령자가 3개월 이상 앓고 있는 질병은 치매, 고혈압, 골관절염 순이었다.

100세 인생을 건강하게 즐기는 노인들은 어떤 특징이 있을까?

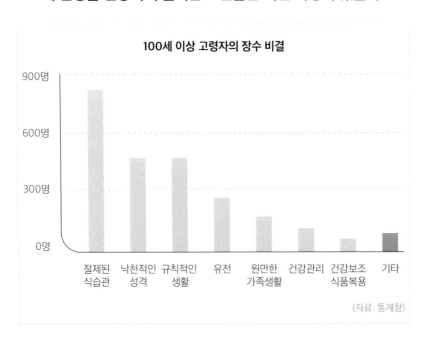

(자료: 통계청)

100세 인생을 건강하게 즐기고 있는 노인들은 어떤 특징을 갖고 있을까? 고령자가 생각하는 장수비결은 소식 등 절제된 식생활습관(39.4%)을 가장 큰 비결로 꼽았고 규칙적인 생활(18.8%), 낙천적인 성격(14.4%), 유전적 요인(14.2%), 원만한 가족생활, 운동 등 건강관리, 기타 순으로 조사되었으며, 고령자의 76.7%가 평생 금주하였으며, 79%가 평생 금연하였다고 한다. 가족과 함께 살면서 채소를 즐겨 먹고 절제된 식생활, 술 담배안 하기, 종교 갖기 등의 특성이 있었고 가장 싫어하는 음식으로 밀가루 음식류를 꼽은 고령자가 가장 많았다. 예상대로 술이나 담배는 멀리하고 있었다. 76.7%가 평생 금주하였으며, 79%가 평생 금연하였다고 한다. 술이나 담배 어느 쪽도 손대지 않았다는 응답도 57.9%나 되었다. 10명 중 7명은 가족과 함께 살고 있었고 생활비나 병원비도 자녀들이 내는 경우가 많았다. 종교에 있어서는 67.5%가 종교를 갖고 있었고 기독교 29.6%로 가장 많았고 불교 24.8%, 천주교 11.4% 순이었다. 100세 이상 장수자 중 현재 질병을 갖고 있는 사람이 74%가 되었고 치매가 33.9%로 가장 많고 골관절염이 28.9%, 고혈압 17.3%, 천식 및 기관지염 6.3%였다. 치매 발병률은 여성이 남성보다 많은 것으로 나타났다.

성격도 장수의 중요한 변수였는데 미국 스탠퍼드대학 심리학 교수인 루이스 터먼 박사가 1,500명을 대상으로 80여 년간 진행한 연구에 따르면 성실성이 장수 여부를 예측하는 핵심변수였다고 한다. 성실한 사람이 더 오래 사는 것은 건강관리를 더 철저히 하기 때문이라고 했다. 또한 낙천적인 사람은 몸 안의 면역 체계가 튼튼하기 때문에 질병에 잘 걸리지 않는다고 했고 만약 걸리더라도 쉽게 낫는다고 했다. 반면에 비관적인 사람은 자기 몸의 변화에 관심이 없어 건강해지려는 노력 자체를 하지 않는다고 한다.

환경적인 측면에서는 역시 도시보다는 물 맑고 공기 깨끗한 지역에서 건강하게 장수할 확률이 높은 것으로 나타났다.

장수하는 생활습관

100세 이상 장수하는 사람들에게서 공통적으로 발견되는 특징이 있는데 바로 건강한 생활습관이다. 얼마 전 농촌건강 장수마을 거주자의 장을 검사한 결과 도시 거주자에 비해 몸에 좋은 '균'이 많다는 사실이 발견되었고 이유는 채소와 발효식품을 즐겨 먹는 식습관이었다. 건강하게 장수하는 방법은 다름 아닌 '습관'이었다.

장수하는 생활습관 실천하기

1. 채식

100세 이상 고령자의 67.5%가 채소류를 좋아하는 것으로 나타났다. 장수인의 식단의 공통점은 채소류의 섭취다. 채식의 장점은 신체와 혈관의 노화를 촉진하는 콜레스테롤을 낮추고 채소의 섬유소가 혈관의 기름때를 녹여 혈관을 넓혀주어 혈압도 낮춰주고 골다공증 예방도 하고 몸에 섭취된 채소는 육류보다 장에서 배출되는 시간이 4배 이상 짧아 발암물질이 장에 머무는 시간이 작아 암 위험도 줄여준다.

채소와 과일은 암 예방에 효과가 있고 위암, 대장암, 유방암, 방광암, 췌장암을 감소시키는 것으로 되어 있고 채소가 암 예방에 좋은 것은 채소 속에 들어 있는 파이토케미컬이라 불리는 식물 생리학적 영양소 때문이고 이황산화 물질이 사람의 몸에 들어가면 면역기능을 강화하고 혈관벽에 플러크가 생기는 것을 막아주고 해독작용과 세포 손상을 억제하는 작용을 해 암 발생 가능성을 낮춰준다. 채식주의자의 경우 고기를 먹는 사람보다 요절할 확률이 20%나 낮다고 한다.

2. 금연

흡연자 중에는 '한 대쯤'이라며 담배 한 개피를 가볍게 생각하는 경우가 있다. 흡연은 산소공급을 막아 노화를 촉진시키는 대표적인 주범 중 하나다. 또한 활성산소를 만들어 세포를 죽이고 대표적인 항산화제인 비타민 C를 파괴하기 때문에 흡연은 스스로 노화를 부르는 습관인 셈이다. 100세 이상 고령자 중 71.1%는 평생 금연을 했다.

3. 낙천적인 사람

낙천적인 사람은 몸 안의 면역 체계가 튼튼하기 때문에 질병에 잘 걸리지 않는다고 한다. 만약 걸리더라도 쉽게 낫고 그러나 비관적인 사람은 자기 몸의 변화에 관심이 없어 건강해지려는 노력 자체를 하지 않는다고 한다.

이 밖에도 원만한 가족생활, 꾸준한 건강관리 등을 장수의 비결로 꼽았다. 100세 이상 고령자의 60% 이상이 운동, 식생활 조절 등을 통해 건강을 관리하고 있었고 흔히 '습관이 중요하다' '세 살 버릇 여든까지 간다'는 말처럼 건강하게 장수하는 방법은 역시 작은 생활습관에서부터 시작된다.

세계 3대 장수촌

① 남미 에콰도르, 안데스 산맥 줄기에 있는 빌카밤바 계곡

② 히말라야 산맥, 파키스탄 카슈미르의 훈자

③ 러시아 남서부의 그루지아 지방

이들 3대 장수촌은 나라와 지역이 다르지만 몇 가지 공통점이 있다. 첫째, 산으로 둘러싸인 분지로 기후환경이 매우 쾌적하고 도시와 떨어진 곳으로 큰 산맥 중턱에 있어 공기 좋고 물 맑고 일조량이 적당하여 자연조건이 좋다. 둘째, 좋은 식수원을 가지고 있었는데 칼슘, 철분 등의 미네랄과 희귀한 원소가 함유된 물을 마시며 유기질의 풍부한 토양에서 얻어진 농작물과 육류를 먹고 있었다. 셋째, 주식은 대부분 잡곡이며 야채와 과일을 많이 먹는 균형적인 식사를 하고 있었다. 넷째, 소식하고 포도나 요구르트 같은 신맛이 나는 음식을 많이 먹고 있었다. 다섯째는 부지런히 일하고 휴식을 충분히 취하며 일찍 자고 일찍 일어나고 있었다. 여섯째는 성격이 매우 낙천적이고 친구를 많이 사귀고 있었다.

또한 노인학의 세계적인 권위자인 미국 남가주대학의 하버트 드브리스 교수가 말한 장수의 조건 7가지는 다음과 같았다. ① 적절한 영양식, ② 충분한 수면, ③ 규칙적인 운동, ④ 절주, ⑤ 금연, ⑥ 스트레스 해소 ⑦ 알맞는 체중이다.

우리나라의 장수자들도 위에서 말한 세계 3대 장수촌의 조건과 하버트 드브리스 교수의 7가지 조건과 무관하지 않다. 장수의 조건에서 나타나듯이 오래된 건강생활이란 하루아침에 이루어지는 것이 아니다. 좋

은 식습관과 식생활의 과학화 그리고 꾸준한 노력의 결과라 할 수 있겠다. 그리고 무엇보다도 장수비결은 즐겁게 사는 데 있다. 일소일소 일노일노(一笑一少 一怒一老)인 것이다. 낙천적 성격, 명랑한 성격은 자기도 기쁘고 남도 기쁘게 한다. 사람은 웃을 때마다 엔돌핀이 솟아나서 실제로 건강에 도움이 된다는 것이다. 성경에도 "항상 기뻐하라"고 되어 있고 기쁘지 않을 때도 억지로라도 기뻐하라는 것이다. 사람은 행동하면 마음이 돌아서기도 하는 동물이다.

2부

배우자는
영원한 친구

1장

배우자는 내가 선택한 단 한 사람

부부는 영원히 함께 간다

은퇴 후 누구와 같이 오랜 기간을 함께 할 것인가? 자녀는 커서 부모 곁을 떠나고 나면 원하든 원하지 않든 부부만 남게 된다.

은퇴 후에는 사회적 성공이나 돈에 대한 생각도 바뀌어 내가 추구했던 모든 것들이 인생의 전부가 아니라는 생각이 든다. 자녀, 친구, 이웃, 모든 사람 중에 가장 중요한 것은 바로 내 옆에서 죽을 때까지 함께 살아야 하는 영원한 친구, 배우자다. 우스갯소리로 나이 들어 필요한 게 부인, 아내, 마누라, 와이프, 집사람, 안사람이라는 말이 있다. 그냥 농담이 아니고 나이 들어 남자는 아내가 없다면 단 하루가 불편할 것이다.

얼마 전 황혼이혼이 많아졌다는 뉴스를 보았다. 왜 이렇게 되었을까? 결혼 후 남자는 오로지 돈만 벌어주면 되는 것으로 가정을 생각할 겨를도 없이 앞만 보고 살다 보니 부부간의 소통이 부족하고 여가생활 등 함께 보낼 시간이 없었고 부부간 따로따로의 생활이 지속되다 보니 남편이 은퇴 후에도 부부간에는 거리를 둔 서먹서먹한 분위기가 되고 결국 갈등까지 이어지다 보니 이혼이 많아진다고 보아야 할 것이다.

우리는 가족을 가장 소중하게 여기면서도 너무도 친숙하기 때문에 자칫 소홀하게 대하기가 쉽다. 직장 중심, 오로지 일 중심의 생활을 하던 남자는 가족하고 대화하고 함께 보내는 데 익숙치 않다. 따라서 은퇴 후 가족과 보내는 시간이 많아지면서 적응이 어려운 사람이 많다.

은퇴 후 노후에 나에게 가장 큰 영향을 줄 수 있는 사람이 누구일가? 친구, 직장에서 만났던 사람들, 아니면 동호회에서 만났던 사람들 모두가 언제나 내가 만나고 싶을 때 마음대로 만날 수 있는 사람은 아니다. 마음대로 쉽게 만날 수 있는 사람은 바로 내 옆에 있는 배우자뿐이다. 퇴직과 함께 경제력은 상실했고 가장을 바라보는 가족들의 시선이 달라졌음에도 여전히 가장의 위치에서 행동하는 사람도 있고 아내의 살림에 간섭하고 외출에 못마땅하게 생각하면 본인만 외로워지고 소외감을 느끼게 된다. 이런 상황이 계속되면 분노가 되어 가정불화가 일어날 수가 있다.

황혼이혼이 증가하고 있다

가까운 일본은 남자의 은퇴 이후 황혼이혼이 많다고 한다. 우리나라도 최근 들어 황혼이혼이 신혼이혼을 앞질렀다는 통계가 나왔다. 황혼이혼이란 일본에서 생겨난 말이다. 경기불황에 접어든 일본이 남편이 퇴직금을 받고 부인이 이혼소송을 제기하는 일이 많아지면서 생겨났다.

한국에서도 최근 일식이(집에서 한 끼만 먹는 남편), 삼식이(집에서 삼시 세끼를 먹는 남편)하면서 남편을 비하하는 우스갯소리도 있고 그동안 자녀들의 교육과 결혼 문제 등이 해결될 때까지 조용히 있던 여성들이 남자들이 은퇴하면서 그동안 쌓였던 불만을 털어놓고 부부 갈등이 증폭되면서 30년 이상 혼인생활을 유지해온 60~70대 부부가 갈라서는 일이 잦아지고 있다. 이른바 '황혼이혼'이다.

전체 이혼 중 늘어나는 황혼이혼

(단위: %)

- 2010년: 23.8
- 2011년: 24.6
- 2012년: 26.4
- 2013년: 28.1
- 2014년: 28.7

(자료: 2015 사법연감)

법원행정처가 발간한 2015년 사법연감에 따르면 2014년 황혼이혼은 33,140건으로 전체 이혼 사건(115,510건)의 28.7%를 차지했다. 황혼이혼 비율은 2010년 23.8%, 2014년 28.7%로 매년 상승하고 있다. 2012년부터는 황혼이혼이 신혼이혼(결혼 4년 미만 이혼)을 추월했다.

이혼을 요구하는 여성들은 "이제 더 이상 참고 살지 않겠다" "남은 인생이라도 행복하게 살자"고 이야기하며 100세 시대를 맞이한 만큼, 앞으로 30~40년간 살아갈 날이 많이 남았으니 새 인생을 찾겠다는 목소리를 내는 것이다. 그러나 부부가 헤어진다는 것은 자녀들과 더불어 가족 간의 엄청난 충격이 올 뿐더러 사회적으로도 많은 문제를 일으키고 있다.

황혼이혼 사례

2014년 10월, 서울가정법원 이혼 법정에서 있었던 일이다. 60대 아내 K씨가 판사에게 말했다. 1981년 네 살 위 남편과 결혼해서 아이 둘 낳고 33년을 큰 분란 없이 잘 살아왔고 바람 피운 적도 없다. 그러나 문제는 남편은 집에 오면 단 한마디도 하지 않는 무뚝뚝한 사람으로 고통받으며 살아왔고 아이들이 분가한 이후 부부만 남은 아파트는 정적 그 자체였다고 말이다. "우리 세대는 한번 결혼하면 무조건 죽을 때까지 살아야 한다고 배웠어요. 하지만 그게 아니라면서요? 지금부터라도 행복하게 살면 안 될까요?"

마흔 갓 넘은 판사는 젊은 부부면 훈계라도 할 텐데 60대 어른이 30년을 넘게 살면서 단 한 번도 웃을 일이 없다고 하니 마땅히 드릴 말씀이 없었다고 했다. 20년 이상 산 부부의 황혼이혼이 갈수록 늘면서 대법원에 따르면 2010년 27,823건이던 황혼이혼이 2014년 33,140건으로 급중하는 추세이다.

나이가 들어서 더 의지하고 행복한 노후를 보내야 할 시점에 이혼이라는 것은 참으로 불행한 일이다. 수십 년을 함께 살아왔고 이제부터 서로 의지하고 함께 살아야 할 노년에 떨어진다는 것은 정말 불행한 일이다. 원만한 부부관계는 노후의 삶의 만족도에서 그 어느 것보다 우선하는 가장 필수적인 요소이다. 여러 조사기관에서 분석한 결과 이혼할 때의 절망감은 잃어버린 재산보다도 훨씬 크다고 나와 있다. 노후에 부부가 행복을 유지하면서 인생을 즐겨야 하는데 이혼이라는 것은 정말 불행한 일이고 이러한 현상은 독거노인, 노인빈곤 등 사회적으로도 상당한 문제가 발생한다. 왜 이렇게 황혼이혼이 급증하는 것일까?

인구 1천 명 당 이혼 건수

(단위: 건수)

	20대	30대	40대	50대	60대 이상
1992년	2.1	6.9	5.0	1.8	0.7
2012년	1.4	6.9	9.8	7.2	2.8
증감			2배	4배	4배

(자료: 2012년 통계청 이혼통계자료)

위 표에서 나타나는 것처럼 50대 이상의 이혼율이 지난 20년 사이 4배가량 늘어난 것이다. 최근 황혼이혼은 사회적으로도 큰 문제가 되고 있다. 우리나라의 가족의 중심은 부부보다는 부모와 자녀 관계에 기울어져 있었고 부부간의 교감이 없었던 것이다. 서로 간의 공통분모가 적었던 만큼 은퇴 후라도 잘 적응을 하고 살아야 하는데 신혼 시절처럼 낭만과 열정이 남아 있는 것이 아니다. 따라서 남은 인생을 배우자와 부대끼고 다투면서 사는 것보다 혼자 사는 게 낫겠다 하고 황혼이혼이 증가한다고 보아야 한다. 지금까지 수십 년을 함께 살았는데도 막상 의지하며 살아야 할 노년에 와서 갈라선다는 것은 매우 불행한 일이다. 노후에 원만한 부부관계를 유지하는 것은 삶의 만족도를 높이는데 아주 중요한 일이고 이혼이라고 하는 것은 본인들로 하여금 절망감과 외로움을 느껴 노후 생활에 상당한 어려움을 가져올 것은 뻔한 일이다.

배우자는 내가 선택한 단 한 사람

배우자는 누구인가? 나를 둘러싸고 있는 인간관계는 너무도 많다. 친척, 친구, 이웃과 같은 모든 사람, 이 세상의 70억 명의 사람 중에 내가 선택한 단 한 사람과 결혼했다. 길 가다 우연히 만나서 바로 결혼하는 사람이 있는가? 마음이 전혀 없는데 결혼하는 사람이 있는가? 중매로 결혼했든 연애로 결혼했든 일정 기간 교제를 하면서 이것저것 다 꼼꼼하게 따져보고 '이 사람은 평생 나의 반려자가 될 수 있겠구나' '우리 결혼합시다' '제가 잘하겠습니다. 책임지겠습니다'하고 결혼한다.

이 세상에서 태어나 사람은 평생 선택의 연속이다. 그 순간적인 선택이 나의 운명을 결정하는 경우가 많다. 그 수많은 선택 중에서 가장 중요한 선택이 무얼까? 배우자의 선택보다 더 중요한 선택이 있을까? 그러니 얼마나 사랑하고 존경하고 아껴주고 잘해야겠는가. 살아보지 않았고 내가 신이 아닐진대 완벽한 선택을 할 수가 있겠는가? 결혼은 하나님이 인간에게 준 최고의 선물이라고 했다. 서로의 결점을 덮어 주고 이해하면서 서로가 끝까지 책임지고 행복하게 살아야 할 운명적인 것이다.

부부간 대화가 없다

결혼할 때는 이 세상에서 하나밖에 없는 배우자로서 평생 아껴주고 사랑하고 무엇이든 다할 수 있다고 생각했는데 자녀들 낳고 세월이 흐르면서 신혼 때의 그러한 마음들이 흐트러지고 서로의 갈등이 생기는 것은 무슨 이유일까? 남편은 직장생활을 하면서 오로지 앞만 보고 달리면서 회사 일에만 전념했다. 가정의 일은 부인이 맡아왔고 가족과의 대화할 시간이 별로 없었다는 데 문제가 있는 것이다. 오랫동안 이런 생활이 지속이 되다가 은퇴를 맞이하게 되고 은퇴 후 부부와 같이 있는 시간이 늘면서 가정생활에도 관여하게 되고 부인은 잔소리가 늘어나면서 갈등의 골이 깊어진다.

직장생활을 하는 남편들에게 아내의 불만 중 하나는 남편이 집에서 너무 말이 없다는 것이다. 오죽하면 경상도 남자들은 집에 와서 '애들은' '밥 줘' '자자' 정도라고 할까. 남편들은 집에 와서 왜 이렇게 과묵해지는 걸까? 직장에서는 월급 받고 일을 하니까 반드시 업무적인 소통이 이루어져야 하는데 집에서는 그 필요성을 느끼지 못하니까 그런 것일까?

통계청의 자료에 따르면 한국, 일본, 미국의 고령자 중 한국인의 경우 부부가 보내는 시간은 가장 적고 부부가 각자 쓰는 시간은 가장 많다고 한다. 자녀들도 성장했고 시간적으로 경제적으로도 큰 부담이 없는 은퇴생활은 신혼 때보다도 얼마든지 만족하고 행복할 수가 있다. 부부가 함께 보낼 수 있는 취미와 여가를 짜보아야 한다.

따라서 원만한 부부관계는 은퇴 전부터 부부간 대화의 시간을 많이 늘려야 가능하다. 대화는 상대방을 이해하는 최고의 길이다. 지금부터라도 주기적으로 외식도 하고 여행도 다니고 지금까지 자녀에게 쏟았던 애정을 부부에게도 투자하는 것이다. 지금부터라도 부부가 서로 종교생활도 같이하고 사회 봉사활동도 하고 등산도 다니면서 취미활동도 같이 하는 것이다.

소통 수명을 늘려라

단순히 오래 사는 것보다 건강하게 오래 살아야 한다. 수명의 질이 중요해지는 고령화 사회에서는 삶의 여유와 대화이다. 그동안 직장 생활하면서 보냈던 가족과의 시간보다 훨씬 많은 시간을 가족과 보내야 한다. 보내는 훈련이 되어 있지 않으면 은퇴 후 서로에게 불편하고 어색하고 때로는 상처를 줄 수도 있다. 65세를 대상으로 조사한 2014년 통계청 자료에 의하면 남편이 아내에게 만족한다는 답변이 63.6%, 아내가 남편에게 만족은 52.2%로 나타났다. 은퇴 전 경제적 주체였던 남편의 존재감이 은퇴 후 사라지고 가족과 특히 부인과 소통이 단절되는 '불통의 시기'만 늘어난다면 인생 100세 시대 수명은 짧아질 수밖에 없다.

배우자는 영원한 친구

우리는 살다가 어느덧 중년을 보내고 있는 자신을 발견하게 된다. 머리카락은 희끗희끗 반백이 되어 있고 자신의 키보다 훨씬 커버린 아들은 회사 출근하고 어느새 딸은 결혼하여 자신도 모르는 사이에 엄마가 되어 있다. 아이들은 하나둘 우리들의 품을 떠나고 어쩔 수 없이 부부만 남게 된다.

은퇴한 남자들은 집에서 보내기가 마땅찮아 친구를 많이 찾고 약속을 많이 한다. 등산, 당구, 바둑, 영화, 스포츠관람, 낚시, 점심, 저녁 등 그러나 약속이 없는 날도 많다. 친구에게 전화 걸어 '등산 가자' '당구 치자' 하고 약속을 하려고 하면 그 친구도 다른 약속들이 있어 약속을 못 잡는 경우가 많다. 이와 같이 친구의 일정은 알 수가 없지만 바로 내 옆에 부인이 있다. 내가 하고 싶은 일을 부인과 같이 한다면 어떨까? 배우자가 친구가 되어주면 일은 간단하게 풀린다. 멀리서 찾지 말고 가까이 있는 부인은 영원한 친구이면서 이 세상에서 가장 편한 상대자이다.

가수 남진 노래에 이런 가사가 있다. '저 푸른 초원 위에 그림 같은 집을 짓고 사랑하는 우리 님과 한평생 살고 싶다. 반딧불 초가집도 님과 함께면' 아무 부러움이 없다고 했다. 나이가 들면서 더욱 공감되는 노래이다. 부부는 돈 이전에 사랑과 우정이다.

100세 시대를 맞이하는 인생 2막은 대부분 삶이 부부 중심이다. 부부는 시간이 갈수록 친밀감이 느껴지고 우정을 키울 수가 있다. 가슴 떨리는 열정은 쉽게 식을 수가 있지만 우정은 시간이 흐를수록 기쁨의 원동력이 되는 것이다. 친밀감은 부부가 갈등에 부딪힐 때도 서로가 이해하면서 관계를 빠르게 회복시켜 준다.

2장

봉사하는 마음으로 살자

부부는 사랑을 먹고 산다

다음은 한 부부의 사랑 이야기이다.

가난하지만 행복한 부부가 있었다. 서로에게 무엇 하나 줄 수 없었지만 그들에게는 넘쳐 흐르는 사랑이 있었다.

어느 날, 그런 그들에게 불행의 그림자가 덮쳐 오고야 말았다. 사랑하는 아내가 알 수 없는 병에 걸려 시름시름 앓게 되었다. 그렇게 누워있는 아내를 바라만 볼 수밖에 없는 남편은 자신이 너무나 비참하게 느껴졌다. 여러 날을 골똘히 생각하던 남편은 마침내 어려운 결정을 하게 되었다.

그토록 사랑하는 아내를 속이기로 했다. 남편은 이웃에게 인삼 한 뿌리를 구해 내가 꿈을 꾸어 산삼을 구했다고 속여 아내에게 건넸다. 남편은 말없이 잔뿌리까지 꼭꼭 다 먹는 아내를 보고 자신의 거짓말까지도 철석같이 믿어주는 아내가 너무나 고마워 눈물을 흘렸다.

인삼을 먹은 아내의 병세는 놀랍게도 금세 좋아지기 시작했다. 그 모습을 본 남편은 기쁘기도 하였지만 한편으로는 아내를 속였다는 죄책감에 마음이 아팠다. 아내의 건강이 회복된 어느 날, 남편은 아내에게 용서를 빌었다.

그러자 아내는 미소를 지으며 조용히 말했다.

"저는 인삼도 산삼도 먹지 않았어요. 당신의 사랑만 먹었을 뿐이에요."

세상에는 진실보다 더 아름다운 거짓도 있다. 거짓도 진실로 받아들이는 사랑이 있다. 부부의 진실한 사랑은 어떠한 것도 넘을 수 있는 힘이 있는 것이다.

삼식이가 되어서는 안 된다

남편이 직장에서 은퇴하면서 생활 자체가 직장에서 가정으로 옮기다 보니까 부부가 집에 함께 있는 시간이 많아진다. 가정의 모든 일에 관여하면서 잔소리가 늘어나고 간섭하게 되니까 부인이 좋아할 리가 없다. 게다가 집에 있으면서 삼시 세 끼 다 챙겨 먹으니 삼식이 얘기가 나오는 것이다. 한 끼도 안 먹으면 '영식님', 한 끼만 먹으면 '일식 씨', 두 끼 먹으면 '두식 군', 세 끼 다 먹으면 한동안 유행어로 나왔던 '삼식이', 심지어는 '삼식이 00'도 있다고 한다. 나이가 들어 여고 동창들끼리 점심을 먹고 모처럼 영화 한 편보고 우리 저녁이나 먹고 가자고 했더니 어떤 친구는 남편한테 전화도 걸고 그중 한 친구는 "나는 집에 들어가야 해. 삼식이가 있어서" 하는 것이다.

그동안 자식들 뒷바라지하면서 가정에 봉사했던 남자로서는 은퇴 후 이런 유머 시리즈가 있다는 것은 너무도 서글픈 얘기일 것이다. 부부관계는 신뢰와 사랑이 바탕이 되어야 한다. 부부간의 평등의식을 갖추도록 노력해야 하고 이제부터는 가사 일을 분담하는 생활습관을 가져야 된다. 소위 말하는 삼식이가 되지 말고 가정의 모든 일을 같이 하거나 오히려 내가 솔선한다면 문제는 간단히 해결될 것이다. 요리도 같이하고 청소도 하고 부인이 그동안 하고 있었던 일 또는 취미 생활도 가능한 것이 있다면 같이 참여하는 것이다.

가사 일을 분담하자

남자는 오랜 직장생활을 하면서 항상 긴장하고 경쟁하면서 살아왔고 지시하고 복종하는 상하관계가 길들어져 있기 때문에 은퇴 후 집에서 부인이나 자녀들에게 무의식적으로 행동한다면 가족들은 싫어할 것이다. 남자는 직장에서 오로지 앞만 보고 이상과 목표를 향해 달려오다가 어느 날 은퇴를 하게 되면 무기력과 공허감을 느끼게 되는 일명 퇴직 증후군을 갖게 되는데 여자들은 그동안 사회적으로 많은 인간관계를 맺으며 살아왔기 때문에 남편의 은퇴 후도 달라질 것이 없다. 오히려 남편에게 삼시 세끼 밥을 해야 하고 게다가 집안일에 간섭하고 잔소리를 하면 부부간의 갈등이 있을 수밖에 없다. 이러한 사고를 빨리 고쳐야 한다. 내가 직장에서 은퇴했듯이 아내도 집안일에서 은퇴를 시켜야 한다. 식사준비, 청소 등 모든 집안일을 아내만이 한다고 생각하면 남자는 겉돌게 되는 것이다. 실제로 은퇴한 친구나 직장 동료들을 만나보면 집안일을 전혀 도와주지 않는다는 친구가 의외로 많고 도와주더라도 자기 방 청소 정도에 그치는 것이다. 은퇴 후에도 이런 생활태도는 부부관계가 좋아질 수가 없다. 보건사회 연구원조사에 의하면 남편이 가사 일을 도와주는 것이 다음 통계처럼 아주 적게 나타나고 있다.

남편이 가사일을 얼마나 돕는가?

전적으로 부인 담당	22%
주로 부인이 담당(남편 도움)	66%
반씩 부담	10%
주로 남편이 담당(아내 도움)	2%

(자료:보건사회 연구원)

반대로 집안일에 같이 협조하고 청소하고 같이 외출도 하고 아내의 행동에 배려한다면 상황은 또 달라진다. 평소에 잘 훈련이 되어 있고, 적응이 잘되면 노후는 행복해지는 것이다. 수십 년 동안 남편은 회사일 아내는 집안일 각자의 서로 다른 일을 하다가 이제는 같이 보내는 시간이 늘었다. 부부의 갈등으로 다투는 일이 있으면 신혼기에는 서로 다른 성격이니 애정으로 이해하고 끝날 수가 있었지만 노년기에는 살아오면서 힘들었던 일이나 그동안 쌓인 실망이나 감정이 복합되어 쉽게 끝나지 않고 갈등이 계속되다가 종국에는 이혼까지 가는 경우가 많다.

인생에서 가장 중요한 시기는 바로 지금이고 가장 중요한 일은 지금 하는 일이고 가장 중요한 사람은 바로 옆에 있는 사람이라고 했다. 바로 옆에 있는 사람이 누구인가? 바로 배우자다. 자식들 뒷바라지에 모든 정력을 쏟고 이제는 자식들마저 부모 곁을 떠났다. 그동안 대화가 부족하고 소홀했던 부인과 제2라운드가 시작된다. 배우자와의 공존지수를 높이는데 최선을 다해야 한다.

자녀는 커서 부모 곁을 떠나고, 원하든 원하지 않던 여러 가지 일에서 해방된다. 은퇴 후는 사회적 성공이나 돈에 대한 생각도 바뀌어 그런 것들이 인생의 전부가 아니라는 것을 느낄 것이다. 만일 부부관계가 좋으면 새로운 환경에 대한 적응도 쉽고 삶은 풍요롭다. 그렇지 않으면 그때부터는 고역이다. 그토록 열중했던 일도, 부부 사이에 완충재 역할을 하던 자녀도 더 이상 가까이 있지 않다.

같은 취미 생활을 하자

남편들은 직장생활을 하면서 아이들의 양육을 위해 가족의 생계를 위해 오로지 앞만 보고 달려왔다. 가정생활의 중심이 부모, 자녀 중심으로 자녀를 성공적으로 키우기 위해 각자 역할에 충실했지 부부간의 시간을 보낼 여유가 없었다. 그동안 서로의 공통분모가 적었던 만큼 이제는 남은 인생 부부가 함께 적응해 가야 한다. 그동안 내일에만 충실했을 뿐, 은퇴 후 부인과 살아갈 시간 노후를 보내야 할 시간을 심각하게 생각해 보지는 않았다.

평소 주말이나 휴가를 이용하여 부부끼리 좋아하는 일이나 취미가 있어 함께 한 기회가 많았다고 하면 더할 나위 없이 좋겠지만 그렇지 않더라고 지금서부터 만들면 된다. 등산, 자전거, 수영 등 모든 운동을 비롯하여 여행, 각종 모임, 영화 관람, 전시회를 비롯한 문화 예술 같이하기, 텃밭 가꾸기, 스포츠관람, 어학을 비롯하여 같이할 수 있는 것들이 무수히 많고 나이가 들면서 머리가 녹슬지 않게 하려면 책도 읽고 공부도 해야 한다. 요즘은 부부가 방송통신대에 같이 다니면서 공부하는 학구적인 부부도 있다. 그 이외도 부부가 같이 종교생활도 한다면 더할 나위 없이 좋고 나이가 들면서 봉사활동도 같이한다면 그야말로 행복한 노후를 보내고 있다.

필자도 오래전부터 직장에 다니면서도 주말을 이용하여 부인과 같이 보낼 수 있는 취미를 만들기 위해 많은 노력을 해왔다. 나는 취미가 운동이었고 그중에서도 테니스, 마라톤을 좋아했는데 운동을 썩 좋아하지 않는 부인과같이 여러 가지 운동을 시도해보았다. 주로 주말을 이용하여 처음에 등산. 탁구, 볼링, 테니스를 같이 해보았고 다음은 스키, 수영, 스포츠 경기 관람 등으로 함께하는 시간을 가져보았는데 모두가 길게 가지를 못했다. 그중에서 건진 것이 부장 시절 주말마다 볼링, 등산을 가게 되었고 지금은 운동으로는 등산, 헬스장에 같이 다니고 있다. 서울 도심에서 오래 살다가 판교로 이사를 왔는데 아파트 옆이 바로 산이다. 아내가 좋아하는 산을 매일 갈 수가 있어 너무도 좋고 저녁 식사 후는 옆 공원에 산책하러 다니거나 헬스장에 간다. 그리고 아내는 여행을 무척이나 좋아해 국내여행도 자주 다니고 해외여행도 일 년에 한두 번은 다니는 편이다. 그 외도 영화를 좋아하여 흥행영화는 거의 관람하는 편이고 기회가 되면 골프도 가끔 하고 있다. 그러다 보니 앞서 언급했듯이 언제나 만날 수 있는 사람이고 그 누구보다도 가장 쉬운 상대자이고 가장 좋은 친구가 된 것이다.

취미 생활을 비롯하여 부부와의 모든 것은 '노후를 기다리는 삶'을 위해서 젊어서부터 미리미리 준비해야 한다. '지금은 바빠서 나중에 은퇴하고 천천히 시작해야지'라는 생각을 하고 난 후에는 너무도 늦다.

배우자는 봉사하는 마음으로 대하자

나는 오랫동안 직장생활을 하다 보니 회사에서 봉사할 기회가 많았다. 고아원, 양로원, 장애인, 독거 노인 방문, 공원청소, 걸식노인 중식 배식, 1사1촌 농촌 봉사 등 무수히 많았는데 그때마다 이런 생각을 했다. 내 가족에게는 이런 마음으로 봉사하고 있는가? 우리 부모에게는? 우리 자녀 그리고 아내에게는 어떻게 하고 있는가? 내 스스로에게 반문을 해보았다. 내 모든 것을 다하여 온갖 정성을 쏟아가며 봉사 활동할 때의 그런 마음으로 내 아내에게 봉사한다면 아내는 무척이나 좋아할 텐데…. 봉사하는 마음으로 더도 말고 덜도 말고 봉사할 때처럼만 한다면 이것이야말로 이 세상에서 가장 현명한 일이고 또한 가장 가치 있는 투자일 것이다.

배우자의 스타일로 맞추자

다음은 중국 송나라 사람인 사마광의 어릴 적 이야기다.

한 아이가 커다란 장독대에 빠져 허우적거리고 있었는데, 어른들이 사다리 가져와라, 밧줄 가져오라 하고 요란법석을 떠는 동안 물독에 빠진 아이는 꼬로록 숨이 넘어갈 지경이었다. 그때 작은 꼬마였던 사마광이 옆에 있던 돌멩이를 주워들고 그 커다란 장독을 깨트려 버렸다.

치밀한 어른들의 잔머리로 단지값, 물값, 책임소재 따지며 시간 낭비하다가 정작 사람의 생명을 잃게 하는 경우가 허다하다는 것을 보여주는 이야기다. 더 귀한 것을 얻으려면 덜 귀한 것은 버려야 한다.

내가 살아가며 정작 돌로 깨야 할 것은 무엇인가? 부부간의 대화가 없고 갈등이 심화 되면서 헤어지기까지 하는 것은 서로 간의 자존심에서 비롯된 것이 대부분이다. 나는 옳고 상대방은 다르다고 할 때 갈등이 생기는 것이다.

이 세상에서 가장 중요한 사람은 누구인가? 바로 내 옆에 있는 배우자이다. 영원히 죽을 때까지 같이 살아야 하는 남편, 아내에게 자존심이 뭐 그리 중요한가? 앞서 글에서 사마광처럼 나에게 가장 중요한 배우자를 위하는 것이라면 모든 것을 다 버려야 한다. 알량한 내 자존심 모두 버리고 배우자의 잘못, 배우자의 실수까지 모두 보듬어 주고 이해하여야 한다.

필자는 주말이면 주례를 자주 하는 편이다. 그때 하는 얘기가 있다. "신랑 신부는 지금까지 살아온 환경과 방식이 다르기 때문에 언제든지 생각이 같지 않을 때가 많을 것이다. 그때마다 상대방을 고치려고 하지 말고 내 것을 고치려고 할 때 가정은 행복해지는 것이다."

젊었을 때는 서로의 의견이 안 맞아 싸우고 다투기도 했지만 나이가 들면서 서로의 차이를 받아들이고 인정해야 한다. 서로의 비난은 오히려 상대의 갈등을 일으키고 분위기를 악화시킬 따름이다. 상대방의 공격으로부터 자신을 보호하기 위해 변명하며 상대방을 탓하게 된다.

"당신은 뭘 잘했느냐" "내 탓이 아니고 당신 탓이다" "당신이나 잘해" 같은 말들로 이루어진 다툼을 어떻게 해결할 것인가. 방법은 경청이다. 마음을 가다듬고 옳고 그름을 따지지 말고 그저 들어주면 서로의 화는 풀리고 서로 간의 이해가 되는 것이다. 상대방에 관심 가지고 모든 과오를 내 탓으로 생각하고 "그래, 미안해. 내가 더 신경쓸게" "그래, 내가 잘못 한 것 같아" "앞으로 내가 고칠게" "그래, 당신 말이 맞겠다"하고 생각하라. 화가 난다고 오랫동안 말을 안 하면 그것이 독이 된다. 모든 오해는 대화 단절을 불러온다. 그렇다. 상대방의 스타일에 내가 맞추려고 노력할 때 부부는 행복해지는 것이다.

지는 것이 이기는 것이다

남편이 아내에게 져 주는 이유에 관한 이야기이다.

남편이 자주 아내한테 져 주니까 어느 날 아내가 남편한테 물었다. "여보 내가 잘못한 걸 알면서 왜 자꾸 나한테 져 줍니까?" 남편이 이렇게 대답했다. "당신은 내 사람이요. 내가 당신과 싸워 이겨서 뭐하겠소? 내가 당신과 싸워 이기면 당신을 잃는 것이고, 당신을 잃으면 진 것과 마찬가지요."

그렇다. 남자들은 직장에서는 사장님과 싸워서 이기면 그 직장을 잃고, 고객과 싸워서 이기면 한차례 돈 벌 기회를 잃겠지만, 아내와 싸워서 이기면 아내를 잃고 자식을 외롭게 한다.

아내들은 당신이 출장 갔을 때 선물을 요구한다. 그것은 당신의 그리움을 요구하는 것이고, 아내들은 생일이면 선물을 요구한다. 그것은 당신의 마음을 요구하는 것이고, 아내들은 날마다 포옹을 요구한다. 그것은 당신의 따스함을 요구하는 것이고, 아내가 당신과 싸우려는 건 당신의 사랑을 요구하는 것이다.

아내가 남편한테 요구하는 건 당신의 사랑이지 돈이 아니다. 그래서 행복이란 저축 통장의 금액이 아니라 당신 얼굴의 즐거운 웃음이고, 그래서 행복이란 얼마나 좋은 걸 먹느냐가 아니고 얼마나 건강하냐에 있다고 한다.

그래서 남자들에게 행복이란 얼마나 예쁜 여자하고 사느냐가 아니라 여자가 얼마나 예쁘게 웃느냐는 것이다. 기억하라. 도리를 가지고 이기려는 건 남자의 수양이고, 도리를 가지고 져 주는 건 남자의 도량(度量)이다. 다른 사람은 아니더라도 아내한테만은 도량 있는 남자가 되어야 한다. 이 세상에서 내가 선택한 단 한 사람밖에 없는 죽을 때 같이 살아야 하는 영원한 친구기 때문이다.

배우자도 꽃처럼 가꾸자

배우자는 언제나 관심을 두고 관찰해야 한다. 아무리 좋은 꽃씨를 뿌려놓았다고 하더라도 저절로 꽃이 피는 것이 아니고 물도 주고 잡초도 뽑아야 하고 정성을 다해 가꿀 때 예쁜 꽃이 피어나고 향기도 품어나오는 것처럼 부부도 마찬가지다. 부지런한 농사꾼이 되어야 한다. 배우자가 건강하고 활기 넘치는 인생을 사는 것은 그것은 곧 나의 것이다. 배우자가 아프기라도 하고 힘없이 생활한다면 시들어가는 꽃을 보는 것과 무엇이 다르겠는가? 배우자에게 쏟는 모든 정성은 다시 나에게로 돌아온다.

대통령을 퇴임한 클린턴이 힐러리와 함께 차를 몰고 여행을 하다가 어느 주유소에 들러 기름을 넣고 계산을 하려는데 주유소의 사장을 보니 대학생 시절 한때 힐러리와 교제했던 남자 친구였다. 계산하고 주유소를 빠져나오면서 클린턴은 의기양양하게 힐러리에게 말했다. "당신이 저 친구하고 결혼했다면 지금은 주유소 사장 부인이 되어 있겠지?" 그 말을 들은 힐러리는 당당한 목소리로 말했다. "천만에요. 저 사장이 나와 결혼했다면 저 사람이 미국 대통령이 되었을 거예요."

클린턴의 대통령 당선에 힐러리가 큰 역할을 한 사실은 널리 알려져 있다. 남자가 왕이 되면 나는 왕비가 되는 것이고 부인을 왕비로 만들 때 본인은 왕이 되는 것이다. 부부야말로 이 세상에서 가장 소중한 인맥이요, 인생에서 가장 결정적인 영향을 줄 수 있는 사람이다.

다시 신혼생활을 시작하자

우리는 결혼을 하자면 결혼준비를 한다. 신혼집은 어디에 두느냐? 전세로 살아야 하나? 부모의 도움을 받아 아예 작은집을 하나 살까? 가구 준비는? 자동차 구입은? 가족계획은? 은퇴 후 이제 옛날 결혼 당시, 신혼생활준비를 하듯이 제2의 결혼생활 노후도 구체적인 계획을 짜야 한다. 어쩌면 결혼 후 지금까지 살아온 시간보다도 더 긴 시간이 될 수도 있기 때문에 행복한 노후가 되기 위하여 잘 설계를 해야 한다.

- 살고 있는 집을 처분하고 조용한 곳으로 옮겨야 하나?
- 은퇴 후 긴 시간 동안 어떤 일을 할 것인가?
- 노후의 생활비, 취미 생활에 드는 비용, 건강관리 비용, 여행경비, 기타 사회생활 비용은 어떻게 마련할 것인가?
- 직장생활 때문에 바빠서 못했던 일 중에서 어떤 것부터 시작할까?

이처럼 생활, 건강, 여행 등 여러 가지 계획을 어떻게 잘 계획을 세우는 것이 무척이나 중요한일이다. '어떻게 살겠지?'가 아니다. 반드시 체크하고 계획을 세워야만 즐겁고 의미 있는 노후 생활이 될 것이다.

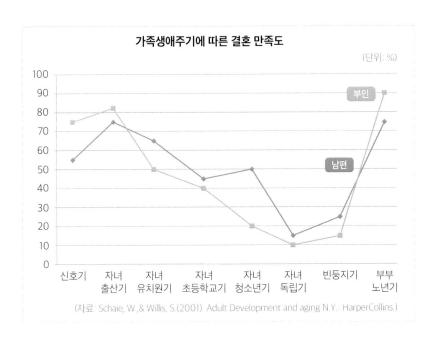

가족생애주기에 따른 결혼 만족도

(단위: %)

부인

남편

신호기 / 자녀 출산기 / 자녀 유치원기 / 자녀 초등학교기 / 자녀 청소년기 / 자녀 독립기 / 빈둥지기 / 부부 노년기

(자료: Schaie, W.,& Willis, S.(2001) Adult Development and aging N.Y.: HarperCollins.)

  미국에서 신혼 시절부터 노년기까지 부부들을 대상으로 만족도를 조사했는데 위 표에서 나타나는 것처럼, U자형의 만족도가 나왔다. 신혼기에 만족도가 높다가 이후 점차 떨어졌다가 자녀가 독립하고 나서는 다시 올라가는 것이었다. 이것은 은퇴 후 자녀들은 독립하고 부부가 어떻게 살아가느냐가 인생의 행복지수를 그대로 보여주는 지표라고 보여진다. 행복한 부부생활은 그렇지 못한 부부보다 더 건강한 삶을 살뿐더러 병에 걸리지 않고 장수하는 것으로 되어 있다. 부부불화는 심장마비에 걸릴 확률이 3배나 높다고 한다. 매일같이 등산하고 운동하는 것보다 부부가 대화하고 즐거운 시간을 보내는 것이 장수하는데 더 효과적이라고 한다.

3장

자녀로부터 해방되자

이 시대의 효자란?

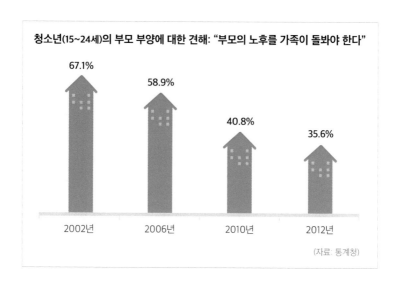

청소년(15~24세)의 부모 부양에 대한 견해: "부모의 노후를 가족이 돌봐야 한다"

67.1% 2002년
58.9% 2006년
40.8% 2010년
35.6% 2012년

(자료: 통계청)

　과거에는 없는 살림에 부모는 못 먹고 논 팔아서라도 자식들 공부시켜 놓았으니 당연히 부모를 모셔야 한다는 생각을 가졌고 또한 극진히 잘 모셔 동내에서 소문나는 효자들도 많았다. 지금도 자식들 잘 키워서 공부시켜 자식들 잘 되었으면 하는 마음은 옛날이나 지금이나 변화가 없지만, 부모를 잘 모셔야 한다는 의무감은 너무나도 떨어지고 있다.

요즈음은 자식농사 자랑하지 말라고 한다. 부모 따로 자식 따로라는 말도 있다. 집 팔고 땅 팔아서 서울 간 노인은 아파트에 갇히고, 자식 내외는 출근할 때 강아지 밥 걱정하지만, 시부모 밥은 안 챙기더라는 말도 한다. 배 곯아가며 아들 석사, 박사 시켜놓아도 며느리가 더 높다는 이야기도 한다. 이 말들이 그냥 농담만은 아닌 시대에 우리는 살고 있는 것이다. 요즘의 자식들은 결혼해서 부모에게 손 안 벌리고 잘 살아 주는 것만도 효자라고 한다. 부모도 이제는 아무리 자식에게 희생하며 키워서 공부시켰더라도 노후에 자식에게 손 안 벌리고 살 수 있는 준비를 해야 한다.

자녀의 인생은 자녀가 준비한다

과거와는 많이 달라졌다. 자식들 잘 키워 놓으면 부모의 노후는 자식에게 의지할 수 있었지만 요즘은 그렇지 않다. 공부시키고 결혼시키고 재산도 물려주면 자녀들이 부모를 극진하게 모셨는데 이제는 그렇지 않다. 자식들에게 잘하고 싶은 마음은 과거나 지금이나 변화가 없지만 부모를 책임지겠다는 자녀는 점점 줄고 있다. 우리나라는 부모들이 자녀에게 쓰는 교육비는 세계 최고수준이다. 또한 결혼에 드는 가전제품, 전세비용 등의 비용도 부모에게 의존하고 있다. 수천만 원에서 많게는 수억까지 지출한다. 이렇게 하다 보니 노후를 준비하는 부모는 흔치 않다. 이제는 아니다. 자녀의 인생은 자녀가 책임지도록 해야 한다.

평생 자녀교육에 올인하지 말라

부모에 대한 부양의식이 점점 줄어들고 있는 의식변화의 시대에서 자녀의 교육에 과도한 교육비를 지출하면서 은퇴준비를 소홀히 할 수는 없다. 자녀 1명을 대학까지 공부시키고 결혼까지 시키려면 상대적인 차이는 많겠지만 보통기준으로 볼 때 3억은 족히 넘어가리라 본다. 이 비용을 그대로 노후자금으로 저축한다면 노후 걱정이 없을 것이다. 그러나 우리나라 대부분의 부모는 자녀양육과 교육을 최우선으로 생각하고 노후준비는 그 후로 생각한다. 여성가족부의 실태조사에 따르면 자녀를 키우는 부모들의 어려움은 첫째가 경제적 부담, 둘째가 자녀의 학업성적, 셋째가 진로문제였다. 이렇게 노후준비가 안 된 부모를 자녀들은 좋아할까. 답은 '그렇지 않다'고 나온다. 사회 통념상 자식들이 부모를 모시는 것으로 되어왔지만 이제는 그런 기대를 안 하는 것이 좋다. 노후준비는 장기간에 걸쳐 준비하는 저축이다. 연금은 젊은 시절부터 준비하지 않으면 자녀교육비 때문에 놓치기 쉽다. 노후자금 연금은 다른 지출을 줄이더라도 우선하여 준비해야 한다.

안전한 노후생활을 원한다면 자식에게 전 재산을 쏟을 생각을 말아야 한다. 자식이 대학에 못 들어갈 바에야 차라리 일찍부터 직업 교육을 시키는 것이 현명한 처사다. 독일 사람은 초등학교 졸업할 무렵부터 길이 갈린다고 한다. 일본사람들은 특별히 공부를 잘 하지 않으면 부모의 기술을 물려받는 것은 당연하게 생각한다고 한다.

자녀 학비를 벌기 위해 엄마들이 일터로 나가고 부동산을 팔아서라도 자녀 뒷바라지하는데 투자한 것만큼 자녀들이 성공하는 것도 아니고 비싼 학비 들여 고액과외 시키고 해외 어학연수 보낸다고 하여 자녀가 반드시 공부 잘하고 부모에게 효도하는 것도 아니다. 자녀가 졸업 후에도 취업을 못 해서 전전긍긍하다가 어쩌다 직장이라도 잡으면 고급호텔에서 결혼시키고 아파트전세라도 구해주어야 부모책임을 다했다며 자위하는 사람도 있다.

그러고 나면 대체 그 부모들은 노후를 어떻게 살아갈 것인가? 자식들이 부양해줄 것을 기대하는가? 절대 그렇지 않다. 오히려 그런 자식들은 "다른 집 부모는 집을 사주는데 전셋집은 뭐냐"하고 불만을 가질 수도 있다. 이제는 부모가 생각을 바꿔야 한다. 돈으로 애써 자식을 가르치기보다는 사회에서 자리 잡을 수 있도록 기반을 마련해줄 생각을 해야 한다. '노후를 기다리는 삶'을 위해서는 우선순위를 노후자금에 두어야 한다. 자식에게 모든 것을 투자하지 말고 이보다는 연금하나 더 들어두는 것이 현명한 방법일 것이다.

다시 말해 노후자금부터 확보하고 자녀양육을 해야 한다. 내가 쓰는 비용, 즉 생활비 중에서 제일 우선순위로 생각하라는 것이다. 요즘 주위에서 가끔 접하는 소식은 억대의 연봉을 받는 중견기업의 임원이라 해도 자녀를 미국에 유학을 보내거나 교육비 과다지출로 은퇴자금을 준비 못 한 부모들이 요즘 심심찮게 보인다. 생활고에 시달리는 노부모가 자녀에게 부모부양료를 지급하라고 청구소송을 하는 건수가 2011년 203건으로 9년 만에 3배 수준으로 증가했다는 것이다. 모든 것을 아껴 쓰고 자녀교육에 집중했건만 얼마나 배신감을 느끼면 자녀를 상대로 소송하느냐는 것이다. 서글픔과 더불어 인생무상까지 느끼게 한다. 지금은 자식에게 좋은 부모는 부모 부양에 부담을 안 주는 부모다.

부모 노후는 스스로 책임

한국정책연구원이 발표한 '한국의 성인지 통계'에 의하면 13세 이상 37,000명에게 부모 부양에 대한 견해를 물었더니 "부모 스스로 해결해야 한다"는 응답이 2014년 16.6%로 나왔다 이는 2002년 9.6%에 비해 1.7배나 된다. 반면 가족이 책임져야 한다는 응답은 70.7%에서 31.7%로 절반 이하로 떨어졌다. 가족과 정부 사회의 공동책임이라는 응답도 18.2%에서 47.3%로 크게 늘었다. 정부나 사회가 부양해야 한다는 대답도 4.4%가 되었다.

4장

마지막까지 내 곁에 남는 사람

가족과 식사하기

식구(食口)라는 말 자체가 밥을 같이 먹는 사람이다. 밥상머리 교육은 역대 노벨상수상의 22%를 배출한 유대인의 자녀교육법으로도 유명하고 고 정주영 회장도 어떠한 일이 있더라도 가족들과 이른 아침에 식사했다고 하는 것은 유명한 일화다. 직장 생활하는 동안에는 이른 아침에 출근하느라 아침밥을 먹는 둥 마는 둥 하고 저녁도 가족과 같이하는 경우가 드물다. 은퇴 후는 별일이 없으면 가족 특히 배우자와 같이 식사하는 횟수를 많이 늘려야 한다. 같이 생활하지 않는 가족이라도 일주일한 번 정도는 가족만의 식사시간을 정해야 한다.

부부는 닮는다, 건강도 일심동체

부부는 일심동체라는 말이 있다. 몸도 마음도 하나라는 뜻이다. 오랜 시간 함께 지나면서 말투와 행동 표정까지 닮는다. 건강도 마찬가지다.

남편 건강이 나빠지면 부인도 나빠진다. 반대로 남편이 건강하면 부인도 건강해지는 경향이 있다. 100세 시대를 맞아 부부가 백년해로하려면 부부가 함께 건강관리를 해야 한다. 서울아산병원 가정의학과 김영식 교수가 부부 520쌍을 3년간 추적 관찰한 결과 한쪽 배우자에게 고혈압과 고지혈증이 있으면 다른 배우자에게 나타날 확률은 일반적인 확률보다 2배 높았다.

비만 1.7배, 우울증 3.8배, 당뇨병 1.7배였다고 한다. 이러한 현상은 부부가 오랜 기간 함께 살다 보면 생활습관이 비슷해지고 같이 공유하기 때문이다. 배우자가 아침 식사를 거르면 다른 배우자도 함께 거를 확률이 7배 식생활이 불규칙할 때 다른 한쪽도 불규칙할 확률이 3.8배나 된다. 배우자가 운동하지 않으면 다른 쪽도 안 할 확률은 2.4배였다. 김 교수는 함께한 세월이 오래될수록 공통으로 갖는 위험인자가 많아지기 때문이라고 한다. 이처럼 부부는 같은 음식을 먹고 같이 운동하고 하루의 일생생활이 대부분 같이 이루어지다 보니 성인병에 걸릴 확률도 비슷해지고 건강생활도 같이 공유하게 되는 것이다. 더 나아가 생각하는 것도 닮아갈 수밖에 없다.

존재만으로 힘이 되는 부부

부부 중 한 명이 건강한 습관을 들이면 다른 한 명도 이를 따른다는 연구결과가 있다.

미국 듀크대 팔바트레이시 박사팀이 부부 6,702쌍을 대상으로 부부건강습관변화를 조사한 결과 금연, 금주, 운동, 건강검진, 예방접종 모두 부부가 서로에게 긍정적인 영향을 끼쳤다. 한 명이 금연했을 때 다른 한 명도 금연할 가능성은 7.53~8.52배나 됐다. 금주는 5.1~5.43배, 운동은 1.49~1.58배, 건강검진 1.83~1.86배, 예방접종 5.78~6.05배였다. 배우자의 긍정적인 건강습관은 다른 배우자에게도 영향을 미친다. 공동의 목표를 함께 설정하고 함께 노력한다는 것이다. 고혈압을 예로 들면 함께 고혈압에 좋은 식단을 챙겨 먹고 운동을 하게 되는데 이때 치료 효과는 배가 된다는 것이다. 마라톤에서 누군가 함께 뛰면 더 좋은 기록이 나오는 것과 같은 이치다. 같은 질환을 앓으면 서로가 동병상련을 느끼고 부부가 서로 의사가 되어 챙겨준다는 것이다.

특히 나이가 들수록 부부가 함께 건강관리를 해야 하고 건강의 전환점은 50세 정도로 보아야 하고 부부의 존재가 매우 중요하고 그동안 개인건강에 초점을 두었다면 50세 이후는 부부건강에 초점을 맞추어야 한다.

함께 있는 부부는 장수한다

가족과의 친밀한 관계, 특히 배우자와의 원만한 부부생활은 수명을 연장하는 효과가 있다는 통계가 있다. 미국 시카고대학 노화센터의 조사에 의하면 심장병을 앓고 있는 남자가 부인과 같이 살고 있다면 혼자 사는 건강한 남자보다 4년이나 더 오래 살았고 매일 담배 한 갑을 피우는 남성이 부인과 같이 산다면 비흡연의 독신 남자와 수명이 비슷했다는 것이다.

힘들고 고통스럽더라도 언제나 대화할 수 있는 사람, 의지할 수 있는 배우자가 옆에 있는 것은 그 자체만으로도 엄청난 힘이 되고 위안이 되는 것이다.

미국 브리검영대 심리학과 줄리안 런스타드 교수의 연구에 따르면 부부는 함께 있는 것만으로도 건강에 긍정적인 영향을 끼친다는 것이다. 연구진은 부부 204쌍과 독신자 99명에게 휴대용 혈압계를 정착시키고 24시간 동안 혈압변화를 관찰했는데 결과 독신자혈압이 배우자가 있는 사람보다 4mmHg 높게 나타났다. 수면 중에도 독신자의 혈압이 적게 떨어졌는데 보통 잠을 잘 때는 혈압이 떨어지지 않으면 심혈관질환 발병이 크다. 병원을 기피하는 노인환자도 독신자가 더 많다는 것이다. 배우자가 있으면 용기를 준다는 것이다. 오랜 세월을 함께 살아온 부부는 동반자 이상의 의미가 있다고 보아야 한다. 함께 부대끼며 살아오면서 이미 생활이 익어 습성이 되었고 삶의 토대가 되었다. 나이가 들고 몸이 불편해지면 내 옆에서 내 손을 잡아주는 사람은 오로지 단 한 사람, 배우자밖에 없다. 부부는 영원한 친구 파트너이다.

또한 미국 어느 교수의 연구보고서에서는 부부관계가 좋을수록 건강이 좋은 것으로 나타났고 결혼 만족도가 높을수록 혈압도 낮게 나타났다. 만족도가 가장 높은 그룹과 가장 낮은 그룹의 혈압의 차이는 5mmHg로 낮은 그룹이 높았다. 부부가 화목하면 정신 건강뿐 아니라 신체건강도 좋아진다고 한다.

부부 노후 공존지수는?

은퇴와 더불어 자녀들은 독립하고 부부는 어쩔 수 없이 부부 중심으로 살아가야 한다. 100세 시대를 맞이하여 부부는 지금까지 살아온 것만큼 인생 후반기를 앞으로도 살아가야 한다. 과연 둘이서 신혼 때처럼 행복하게 살 수 있을까? 이 시점에서 행복한 노후를 위해 부부는 냉정하게 몇 가지 공존지수를 체크해 볼 필요가 있다.

1. 우리 부부는 대화가 잘되어 의사소통에서 별 문제가 없는가?
2. 우리 부부는 가사일 분담이 잘되어있고 서로 협력하고 있는가?
3. 우리 부부는 문제가 있을 때 서로 의견을 나누어 좋은 결론을 얻고 있는가?
4. 우리 부부는 자녀 문제, 노후자금 같은 경제적인 부분도 서로 의견을 나누고 있는가?
5. 우리 부부는 같은 취미를 하고 함께 운동하며 건강관리도 같이하고 있는가?

이러한 내용은 노후의 동반자로서 함께 살아가는데 매우 중요한 요소들이다. 위의 5가지 질문에 각 항목마다 20점을 부여한다면 당신은 몇 점을 받을 수 있는가? 80점 이상이라면 당신은 노후에도 지금처럼 행복한 삶을 유지할 수가 있을 것이다.

그러나 40점 이하라면 전문가와 상담을 하거나 지금 당장 변화를 시도 하지 않으면 결혼생활에 위기를 맞을 수도 있다고 보아야 할 것이다.

사람들은 인생을 살아오는 동안 최선을 다하며 목표를 달성하려고 한다. 그야말로 피나는 노력을 할 때가 많다. 심지어는 건강을 해치면서까지 목표 달성 의욕을 불태울 때도 있다. 학생 때는 좋은 학교에 들어가기 위해, 자격증을 위한 국가고시 합격을 위해, 직장에서는 승진을 위해, 운동선수들은 1등을 위해, 우승을 위해, 금메달을 위해 한없이 한없이 달려간다. 위에 언급한 부부의 공존지수 5가지 질문 중에서 점수가 낮은 부부에게 다시 한 번 질문해 본다. 좋은 학교에 들어가기 위해 아니면 국가고시 자격증을 획득하기 위해 아니면 금메달을 따기 위해 노력하는 그러한 결심으로 배우자를 위하여 노력한다면 위의 5가지 질문에 100점을 부여할 수 없을까? 어느 것이 더 중요한 것인가? 행복한 노후 생활을 위한다면 부부에게 헌신하며 봉사하는 노력은 그 어느 것보다도 우선일 수가 있다.

노후에 살기 좋은 곳은?

얼마 전 어느 신문에서 은퇴 후 살기 좋은 도시로 경기도 용인, 양평, 인천 송도 국제도시, 제주, 경남 거제, 전남 여수 등 은퇴 이후 인기 있는 도시로 선정된 적도 있다. 거제시와 여수시는 빼어난 바닷가 경관을 가지고 있다는 공통점을 갖고 있고 경기도 용인시와 양평은 서울과 비교적 가까운 곳에 위치하고 귀농, 귀촌을 생각하는 사람에게 적합하고 인근에는 유명한 산과 계곡들이 많아 자연환경에서 텃밭을 가꾸기도 좋은 곳으로 선정되었다.

은퇴 이후의 전원생활을 꿈꾸는 이유는 아름다운 자연에서 건강하게 살고 싶은 욕망이다. 그러나 전원생활은 여러 가지 장점도 있지만 고려해야 할 것도 많다. 장점으로는 혼잡한 도시에서 벗어나 아름다운 자연을 보면서 맑은 공기, 새소리, 물소리를 들으면서 사계절을 마음껏 만끽하고 텃밭을 가꾸면서 생활비도 적게 들고 생활만족도도 높고 정신적으로 스트레스도 없고 풍요로운 생활을 하면서 건강도 좋아져 장수하는 효과도 큰 것으로 나타난다. 하지만 단점도 많다. 교통이 다소 멀어져 가족 지인들을 만나기가 어렵고 편의시설이 부족하여 문화생활 하는 데 어려움이 많고 건강할 때 텃밭이지 노후 생활 후반기는 어렵고 간병기가 되면 병원도 가까워야 하고 또한 그동안 알고 지내던 직장 동료, 친구, 이웃과도 멀리 지내야 한다는 불편함도 있다.

노후에 어디에서 살고 싶으냐 물으면 전원주택, 시골에서 텃밭 가꾸면서 살고 싶다는 사람이 많다. 실제 통계에서도 도시생활을 희망하는 사람보다 전원주택을 희망하는 사람들이 훨씬 많다. 대부분 직장인은 바쁜 직장생활을 하다 보니 공기 좋고 생활비도 적게 들고 편안한 전원생활을 꿈꾸고 있다. 그러나 실제로는 가족과 친구 등 사회적인 관계가 끊어지게 되고 의료 문제 등 여러 가지가 걸려 망설여지는 것이다.

은퇴 후의 주거지 요소를 보면 다음과 같다.

첫째는 교통이 편리해야 한다. 가족이나 지인들을 만나려면 이동하기가 편해야 한다. 버스도 편하게 이용할 수 있으면 좋지만 전철을 이용할 수 있는 지역이면 더욱 좋다. 나이가 들면서 걷는 것이 불편한 경우가 많고 편의시설, 쇼핑, 경조사, 각종 모임, 기타 사회활동 등 은퇴전보다 갈 곳이 많을 수도 있다.

둘째는 가까운 곳에 의료시설이 있어야 한다. 젊었을 때보다 건강이 안 좋다 보니 잔병이 많아지고 병원 갈 일도 많아지고 때로는 긴급한 상황이 발생하여 응급실에 가거나 구급차를 부를 수도 있을 텐데 의료시설이 가까운데 있어야 한다.

셋째는 편의시설이 있어야 한다. 다양한 여가시설을 이용하면서 사람들과 친교도 하면서 취미 생활도 하고 사회적으로 심리적으로도 만족감을 얻을 수 있어야 하고 편의점, 도서관, 헬스장, 문화시설 등이 가까운 곳에 있으면 좋다.

넷째는 생활비 감안하여 여유 있는 집이 좋다. 퇴직 후의 노후는 현직에 있을 때보다 금전적인 여유가 없다고 봐야 하기 때문에 재산세, 교통비, 식품 구입비 등 비교적 적게 들어가는 곳으로 선택하는 것이 좋다.

다섯째는 주거환경이 쾌적하고 조용하고 공해가 적은 곳일수록 좋다. 전원주택을 선호하는 것도 이 때문이다. 그러나 남자의 경우는 전원주택을 선호하지만 여자의 경우는 그동안 친구, 이웃, 종교생활 등 생활했던 패턴을 벗어나기 어려운 경우가 많은 것을 감안해야 한다. 또한 주거는 나이가 들면서 신체적으로나 정신적으로 변화한다는 것도 충분히 감안해야 한다. 부부 중 한 명이 아프면 간병을 해야 하고 사별 후 혼자 남았을 때 생활환경 주거환경이 바뀌게 되는 것이다.

마지막까지 내 곁에 남는 사람

결혼식 손님은 부모님 손님이고
장례식 손님은 자녀들의 손님이라고 합니다.
장례식 손님의 대부분은
실상 고인보다 고인의 가족들과 관계있는 분들입니다.
이렇게 보면 마지막까지
내 곁에 남는 사람은 가족들이요,
그중에 아내고 남편입니다.
젊을 때 찍은 부부 사진을 보면

대개 아내가 남편 곁에 다가서서

기대어 있습니다.

그런데 늙어서 찍은 부부 사진을 보면 남편이

아내 쪽으로 몸을 기울여 있는 모습이 보입니다.

젊을 때는 아내가 남편에 기대어 살고

나이가 들면 남편이 아내의 도움을 받으며

생을 살아가게 됩니다.

그래서 서로를 향하여 여보, 당신이라고 부릅니다.

여보는

'보배와 같다'라는 말이고

당신은

'내 몸과 같다'라는 말입니다.

마누라는 '마주 보고 누워라'의 준말이고

여편네는 '옆에 있네'에서 왔다고 합니다.

부부는

서로에게 가장 귀한 보배요.

끝까지 함께 하는 사람입니다.

세월이 가면 어릴 적 친구도 이웃들, 친척들도

다 곁을 떠나게 됩니다.

마지막까지 내 곁을 지켜줄 사람….

아내요, 남편이요, 자녀들입니다.

우리가 가장 소중하게 여기고

아끼며 사랑해야 하는 사람들입니다.

살다 보니

돈이 많은 사람보다

잘난 사람보다

많이 배운 사람보다

마음이 편한 사람이 훨씬 좋더라.

내가 살려니 돈이 다가 아니고

잘난 게 다가 아니고

많이 배운 게 다가 아닌

소박함 그대로가 제일 좋더라.

사람과 사람 사이에 있어

돈보다는 마음을

잘남보다는 겸손을

배움보다는 깨달음을

반성할 줄 아는 사람은 금상첨화이고

나를 대함에 있어

이유가 없고

계산이 없고

조건이 없고

어제와 오늘이 다르지 않은

물의 한결 같음이로니

흔들림이 없는 사람은 평생을 두고

함께 하고픈 사람이더라.

살아오는 동안

사람을 소중히 할 줄 알고

너 때문이 아닌 내 탓으로

마음에 빚을 지지 않으려 하는 사람은

흔치 않다는 것을 배웠더라.

내가 세상을 살아감에 있어

맑은 정신과

밝은 눈과

깊은 마음으로

가슴에 눈빛이 아닌

뜨거운 시선을 보여주는

그런 사람이 절실히 필요하더라.

- 좋은 글 중에서

3부

연금은 평생월급

1장

이제는 100세 시대

고령화 사회 진입

평균수명이 늘어나면서 정부정책, 여러 매체로부터 이제 고령사회에 들어갔다는 얘기를 자주 듣는다. 전체 인구 중 65세 이상 인구가 차지하는 비율이 7% 이상이 되면 고령화 사회라고 하고 14% 이상이 되면 고령사회 20% 이상이 되면 초고령 사회라고 말하는데 우리나라는 2000년에 7%로 이미 고령화 사회에 진입했다. 또한 2018년에는 14%가 되어 고령사회에 들어갈 예정이다. 고령사회에 들어가는 것이 프랑스가 115년, 미국이 73년, 일본이 24년인데 비하여 우리나라는 너무도 빠르게 진행이 되고 있다.

일본 총무성이 발표한 자료에 의하면 일본은 2015년 10월부로 65세 인구가 전체 인구의 26.7%를 차지하면서 처음으로 노인 인구가 아동 인구를 앞질렀다고 했다. 우리나라도 2026년경에는 20%를 넘어 초고령 사회에 도달할 것으로 예측하고 2050년이 되면 38.2%가 되어 OECD 국가 중 생산인구대비 노령인구비율이 가장 높을 것으로 전망하고 있다.

세계에서 가장 늙은 나라인 일본은 10년 전 세계최초로 초고령 사회에 진입하면서 노동자 부족사태가 발생될 것이라 예측했고 일본의 경제성장률이 1~2%대로 하락하여 기업들의 고용흡수력이 떨어져 어려움을 겪고 있다.

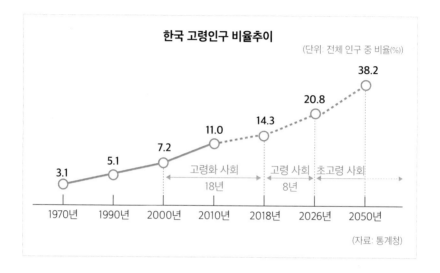

한국 고령인구 비율추이

(단위: 전체 인구 중 비율(%))

3.1 — 1970년
5.1 — 1990년
7.2 — 2000년
11.0 — 2010년
14.3 — 2018년
20.8 — 2026년
38.2 — 2050년

고령화 사회 18년 / 고령 사회 8년 / 초고령 사회

(자료: 통계청)

오래 산다는 것은 좋은 의미로 보지만 장수가 축복이 되기 위해선 경제적인 어려움이 없이 노후가 보장되어야 하는데 여기에 안정된 노후자금, 특히 연금의 필요성이 대두하는 것이다.

심각한 노후 파산

이미 고령사회에 진입한 일본은 최근 '노후 파산'이란 신조어에 대해 파문이 일고 있다. 노후 파산이란 의식주, 모든 면에서 자립능력을 상실한 노인의 비참한 삶을 말한다. 일본 독거노인 600만 명 가운데 300만

명이 생활보호 수준 이하의 연금으로 생활하고, 이중에서 200만 명 정도는 노후파산상태로 의료, 간병 서비스 이용도 어려운 상황이라 할 수 있다.

우리나라의 고령화 속도로 볼 때 노후 파산이 남의 일은 아니다. 현재 일본의 많은 고령자는 생명에 지장이 없으면 의료비 부담으로 병원에 가지 않는 선택을 당연히 받아들인다. 이들은 은퇴 후에 생각보다 수명이 길어지고 노년에 질병, 자녀들 부양 등으로 예상치 못한 지출증가로 생활고에 빠지면서 집도 팔고 재산이 소진되면서 노후 파산에 이르게 되는 것이다.

서울중앙지법은 2016년 1~2월 파산선고를 받은 1,727명 중 60대 이상이 24.8%에 달했다고 발표했다. 안락한 노후를 누려야 할 은퇴연령층이 빚에 쫓기다 변제능력을 상실하는 이른바 노후 파산에 몰리고 있는 것이다. 우리나라 65세 이상 노인빈곤률은 49.6%로 OECD 국가 중 1위이다. 노후를 위해 저축해야 할 40~50대 시절 자녀교육비와 결혼비용을 부담하느라 제대로 준비하지 못 하는 상태에서 은퇴를 맞이하고 경제적 빈곤은 노인자살률(10만 명당 55.5명)로 이어지는데 이 역시 OECD 국가 중 1위이다.

노인 자살이 늘고 있다

OECD 국가 중 자살률 최고라는 불명예의 수치는 접할 때마다 가슴이 아프다. 그 중 노인 자살률은 전체의 두 배나 된다. 장기간 극심한 병환으로 고통을 못 참고 자살하는 노인, 더 이상 치료비를 마련하기 곤

란하고 자식에게 짐이 되기 싫어 세상을 떠나는 사람 등 여기저기 자살의 현실을 뉴스로 접하고 있다. 부모세대는 자신의 노후를 생각하지 못하고 오로지 자녀들을 위해 공부시키고 모든 것을 투자하면서 희생했다. 하지만 자녀가 부모를 부양한다는 것은 빠른 속도로 그 의미가 퇴색해가고 있다. 따라서 노후 준비를 못 해 경제적으로 힘들고 그렇다고 자녀에게 의탁하기도 어렵고 극단적인 선택을 하는 것이다. 참으로 비극적인 상황이 벌어지고 있는 것이다. 철저한 노후 대책 없이는 빈곤한 노후를 맞을 수밖에 없고 결국 자살이라는 슬픈 황혼으로 생을 마감하는 노인들이 많아질 수밖에 없다. 소위 베이비부머 세대(6.25 전쟁이 끝난 후 1955~1963년 사이에 출생한 사람)는 부모를 부양하는 마지막 세대이고 자녀로부터 부양을 받지 못하는 세대라고 할 수 있겠다.

자살의 원인

65세 이상 노인 중에서 29.2%가 우울증세가 있고 70세 이상 자살률이 10만 명당 116명으로 세계 1위이다(세계보건기구자료).

노인이 겪는 어려운 문제는 다음 표에서 나타나는 것처럼 '경제적 어려움'과 '건강 문제'가 가장 많고 노인이 자살하는 이유는 우울증이 주원인이라고 하는데 왜 이렇게 우울증 증세가 많을까? 주요 원인은 질병과 외로움 그리고 소외감이라고 한다. 친구들과 어울리고 이웃과도 대화하고 사회활동도 중요하지만 항상 옆에 있는 배우자와 가족과의 관계가 가장 중요하다.

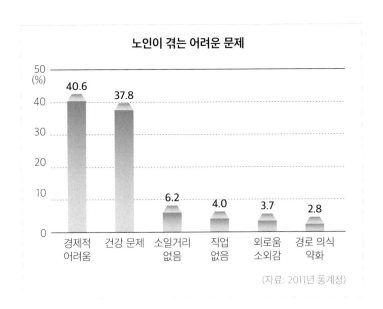

노인이 겪는 어려운 문제

경제적 어려움	건강 문제	소일거리 없음	직업 없음	외로움 소외감	경로 의식 약화
40.6	37.8	6.2	4.0	3.7	2.8

(자료: 2011년 통계청)

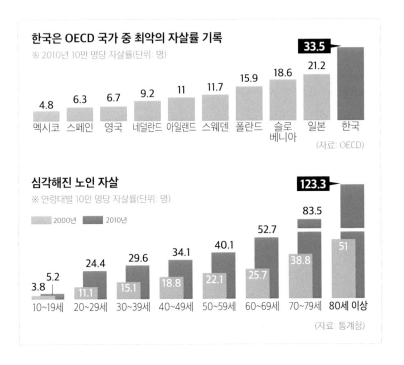

한국은 OECD 국가 중 최악의 자살률 기록
※ 2010년 10만 명당 자살률(단위: 명)

멕시코	스페인	영국	네덜란드	아일랜드	스웨덴	폴란드	슬로 베니아	일본	한국
4.8	6.3	6.7	9.2	11	11.7	15.9	18.6	21.2	33.5

(자료: OECD)

심각해진 노인 자살
※ 연령대별 10만 명당 자살률(단위: 명)

▢ 2000년　▢ 2010년

	10~19세	20~29세	30~39세	40~49세	50~59세	60~69세	70~79세	80세 이상
2000년	3.8	11.1	15.1	18.8	22.1	25.7	38.8	51
2010년	5.2	24.4	29.6	34.1	40.1	52.7	83.5	123.3

(자료: 통계청)

100세 시대 어떻게 준비할 것인가?

오래 사는 것은 인류의 오랜 꿈이었고 이를 축복으로 생각하고 노후의 삶을 멋지게 살아보자는 사람이 있는가 하면 오히려 오래 사는 것은 자식에게 부담되고 노년기가 너무 길어서 질병과 빈곤 고독감으로 고통이라는 생각을 하는 사람도 많다.

미래학자들은 신약 개발, 줄기세포 연구, 장기 배양 기술 등 바이오 산업 기술의 발달로 인해 병든 장기를 교체하며 150세까지도 살 수 있다고 예측한다. 어떻든 미래에 인간의 수명이 100세를 넘는다는 사실에는 이의가 없다.

그러나 사회의 시스템이 평균수명을 80세 정도에 맞춰져 있고 또한 대부분 경우도 기대수명을 80~90세로 생각을 하고 노후준비를 했는데, 그 이후의 삶은 어떻게 할 것인가? 80세에 맞춘 인생의 시간표를 다시 짜야 한다.

첫째, 은퇴 후 다시 일을 시작하기 위해서 공부를 하고 재취업을 위한 자격증을 취득한다든가 아니면 부담이 안 되는 범위 내에서 창업을 시도할 필요도 있다.

둘째, 과거에는 부모가 돌아가시면 집을 비롯하여 자산을 상속받았지만 이제는 부모의 노후가 길어 지면서 노후 생활비가 필요하기 때문에 자녀에게 물려줄 유산을 생각할 수가 없고 자녀가 부모를 모시는 것에서 빨리 탈피를 하고 계획을 짜야 한다. 따라서 집 크기를 줄인다거나 주택연금활용도 생각해야 한다.

셋째, 배우자의 노후를 준비해야 하는데 결혼연령의 차이, 수명의 차이로 인해 남자의 사망 후 여자가 남자보다 7~8년은 더 산다고 보아야 한다. 때문에 혼자 남는 아내를 위하여 이에 대해 준비해야 한다. 국민연금이나 개인연금도 남편이 사망하면 아내의 연금이 줄어들기 때문에 이에 대한 별도의 연금이나 개인연금도 부부연금으로 준비해야 한다.

모든 자금을 동시 준비하라

대부분 30~40대는 자동차, 주택마련을 위해 저축하고 대출이자 갚고 그 후에는 자녀의 교육비, 자녀 결혼자금 마련 그다음이 은퇴를 앞두고 노후준비를 걱정한다. 그러다 보니 노후 생활비로 활용할 수 있는 재원은 거주하는 주택밖에 없다.

따라서 주택자금, 자녀자금, 기타자금과 동시 병렬식으로 노후자금도 미리미리 준비해야 한다, 각각의 재무목표별로 자금을 나누어 동시에 준비해야 한다는 것이다.

사람들은 당장 닥치지 않은 일은 그 중요성을 잘 느끼지 못한다. 바쁜 직장생활에, 자녀들 뒷바라지에 열중하다가 노후가 되면 그때 가서 어떻게 되겠지 하는 것이다. 그러나 막상 은퇴하고 노후자금 생각을 하며 그제야 큰 후회를 한다. 노후준비는 빠르면 빠를수록 좋다.

우선 급한 불부터 끄고 보는 것이 아니라 노후준비도 동시에 이루어져야 한다. 적은 돈이라도 20년~30년이면 엄청나게 큰돈이 된다는 것을 알아야 한다.

2장

왜 하필 연금인가

연금은 평생월급이다

필자는 운 좋게도 보험회사를 40년 가까이 다녔다. 따라서 보장성, 저축성, 종신보험, 연금보험 등 많은 보험에 가입하게 되었는데 만기가 되어 만기보험금도 많이 수령 해보았고 지금은 주로 유지되고 있는 것이 몇 개의 연금보험이다. 몇 년전부터 두 개의 연금은 매월 수령을 하고 있고 앞으로도 몇 개의 개인연금과 국민연금을 수령할 예정이다. 그동안 불입하느라 용돈도 아끼고 부담도 많이 느꼈지만 직장에 오래 다니며 모든 보험을 완납하게 되었고 지금은 매월 통장으로 꼬박꼬박 월급처럼 연금을 받고 있다. 그것도 평생동안 월급 받는다고 생각하니까 너무나도 든든하다. 내 노후를 지켜줄 확실한 기둥으로 여겨지고 무한한 행복감마저 든다. 평생 받는다고 생각하면 언제 어디서라도 무슨 일을 하든지 즐겁고 자신감이 생긴다.

노후자금은 얼마나 필요한가?

은퇴 이후 자녀를 결혼시키고 노후생활자금은 다음과 같이 4가지로 나눠볼 수 있다.

- **노후 생활비**
  ① 기본적인 생활비
  ② 의료비 및 요양비
  ③ 취미생활비(여행, 스포츠 등)
  ④ 사회봉사(기부금, 경조비 등)

노후 생활비는 보통 은퇴 이전 생활비의 70%를 정하고 있으나 생활비, 취미, 여가생활 등 개인차에 따라 많은 차이가 날 수 있다. 그러면 부족자금은 어떻게 마련해야 할까?

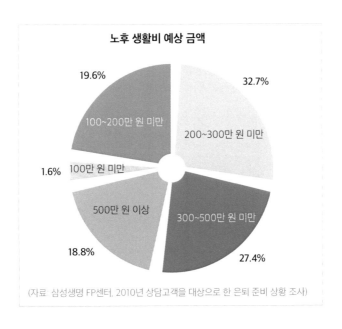

노후 생활비 예상 금액

- 19.6% 100~200만 원 미만
- 32.7% 200~300만 원 미만
- 1.6% 100만 원 미만
- 18.8% 500만 원 이상
- 27.4% 300~500만 원 미만

(자료 삼성생명 FP센터, 2010년 상담고객을 대상으로 한 은퇴 준비 상황 조사)

- **노후 생활비 부족자금 마련 방법**
  ① 계속 일을 하여 소득 기간 늘리기
  ② 집을 줄이고 생활비 줄이기
  ③ 자녀 사교육비, 결혼 자금 줄이기 등

노후 준비는 연금으로

  돈 없이 오래 사는 것은 그야말로 고역이다. 특별한 노후준비가 없다면 수입은 없고 지출은 많고 어렵게 살 수밖에 없다. 우리나라는 노인빈곤율이 OECD 국가 중 최하위수준이다. 이런 위험을 피하기 위해서는 일찍부터 연금준비를 해야 한다. 100세를 산다고 하면서 100세를 사는 것과 80세를 살 것으로 생각하고 100세를 사는 것은 엄청난 차이가 있다.

  100세 시대에 장수 리스크라는 말을 자주 듣는다. 오래 살면서 부딪치게 될 질병, 가난, 고독 등으로 고통생활을 하면서 정말 100세까지 산다면 그야말로 끔찍한 일이다. 80세를 산다고 하고 살다가 100세까지 살면 20년은 준비도 없이 주어진 대로 인생을 살 수밖에 없다. 먹고사는 경제적인 문제는 물론, 정신적, 육체적으로 고통일 수밖에 없다. 재산만 있으면 되지 왜 하필이면 연금이냐 하는 사람이 많겠지만 부동산이나 주식, 현금 등은 언제든지 변동이 있을 수 있는 유동적인 자산이다. 내 노후를 가장 안전하게 지켜줄 수 있는 것은 오로지 연금뿐이다. 지금은 불확실한 시대를 살고 있다. 매월 월급처럼 평생 죽을 때까지 받을 수 있는 것이 연금 말고 또 있을까? 노후 준비는 결코 후순위가 아닌 선순위다. 노후준비는 빠르면 빠를수록 좋다. 노후에 자식들한테 의지하지 않고 떳떳한 부모가 되어야 하는데 자식들한테 물려줄 생각하지 말고 미리부터 준비하는 것이 바로 연금이다.

연금은 평생월급이다. 금융투자도 다양해서 적금, 정기예금, 펀드, 주식 등 여러 가지 투자수단이 있으나 모두가 일시적이거나 변동적이고 영구적인 것은 아니다. 저금리와 고령화 여파로 노후에 대한 불안감이 확산되면서 가계금융자산 중 보험, 연금 규모가 최근 큰 폭으로 늘어나는 것으로 나타났다. 고수익투자처 발굴에 한계가 있고 또한 고수익은 그만큼 고위험이 따른다.

나이가 들수록 병치레를 자주 하게 되고 치매, 뇌졸중 등 건강에 이상이 생겨 판단력에도 문제가 있으며 잘못된 투자라든가 무리한 창업으로 손실 또는 폐업을 하는 경우도 많다. 이에 비해 금리는 낮더라도 연금만이 오로지 안정적 노후수단이라고 할 수 있다. 영구적인 안전핀은 연금밖에 없다. 평생월급 연금을 늘리기 위해 사용처가 모호한 돈 그리고 투자자금을 줄여 세제비적격 개인연금에 가입하여 평생 월급을 확보하는 것이 우선적이다. 세제비적격 개인연금은 10년 이상 유지한 후에 연금으로 받는다면 비과세 혜택을 받을 수 있다.

다음은 월급 400만 원을 받는 어느 직장인의 사례다. 생활비를 좀 절약하고 정기예금을 찾고 차량유지비용과 자녀교육비를 절약하여 개인연금 70만 원에 가입하는 변경된 현금흐름이다. 이 정도의 연금준비를 한다면 지금은 다소 어렵더라도 미래노후의 삶은 어느 정도 보장이 되었다고 볼 수 있겠다.

	현재의 현금흐름 (소득 400만)	변경된 현금 흐름 (소득 400만)
생활비	220	200
정기예금	30	0
적금	20	20
차량유지	40	30
보험	10	10
부모님 용돈	30	30
자녀교육비	30	20
기타	20	20
개인연금		70
계	400	400

즐거운 노후

선진국에선 연금제도가 잘되어있어 은퇴생활을 즐기는 사람이 많고 은퇴를 위해 지금은 열심히 일할 정도로 풍요로운 노후 생활을 애타게 기다리는 사람들이 많다. 은퇴 전에는 시간적인 여유가 없고 하고 싶은 일을 못 했었는데 은퇴 후에 즐거운 노후의 삶을 꿈꾼다. 영어 단어 'Retire'는 타이어를 새로 끼운다는 뜻이다. 은퇴는 이제 물러나는 것이 아니라 그동안 내가 하고 싶던 일을 할 수 있는 또 다른 기회라고 생각하면 은퇴는 마음 설레는 기다림의 대상이 될 것이다. 은퇴가 기다림의 대상이 되려면 직장생활 동안 다소 힘들더라도 연금 등 경제적인 준비를 철저히 해야만 은퇴를 기쁘게 맞이할 수 있다.

모든 세상 사람들의 꿈은 한결같다. 건강하게 오래 사는 것이다. 몸에 좋다고 하면 가리지 않고 다 먹는다. 이유는 오로지 건강하고 오래 살기 위한 욕심일 것이다. 여기에 또 한가지 있다면 여유 있게 풍족하게 사는 것이다. 돈이 없는데 여유가 있을 수 없다. 지갑이 비면 사람은 누구나가 다 기가 죽는다. 기 안 죽고 여유를 갖고 '노후가 기다려지는 삶'을 살려면 반드시 평생월급 연금을 준비해야 한다.

장수는 연금에 비례한다

기대수명이 가장 긴 국가는 일본이 83세이고 호주, 이탈리아, 스위스 등은 82세다. 캐나다, 프랑스, 네덜란드 등은 81세다(2009년 출생아 기준). 한국인 평균기대수명은 80세로 나타나 있고 이에 비해 저소득국가는 60세 이하로 나타나고 아프가니스탄, 소말리아, 나이지리아 등의 기대수명은 40대로 나타나고 실제 평균수명도 50세 미만이다. 잘 사는 국가의 사람들이 더 오래 사는 것은 당연한 통계일 것이다. 인간의 수명은 경제 수준과 상당한 관계가 있다고 보아야 한다. 우리나라도 과거의 수명은 무척이나 짧았다. 조선 사람들의 평균수명은 44세였고 조선왕들도 47세 정도밖에 안 되었다. 왕들 중에서 60세를 넘긴 사람은 83세까지 살았던 영조를 포함하여 단 5명 뿐이었다. 선진국들도 마찬가지다. 1900년경은 40~45세 정도였으나 100년 사이에 2배 가까이 늘어난 것이다.

경제 수준이 향상되는 동시 의학과 생명공학의 발달로 인류는 오래 살게 되었고 여기에 복지증진과 더불어 각 국가들은 연금제도를 활성화하고 있다.

연금하면 보통 종신 연금을 말한다. 한마디로 죽을 때까지 매월 월급처럼 연금을 받는다는 것이다. 연금을 가입하면 오래 받을수록 본인은 유리하다. 현재 우리나라 평균수명이 81세다. 90세까지 산다면 10년을 더 받는 것이고 100세까지 산다면 20년을 더 받는 것이다. 오래 산다고 해서 연금보험료를 더 내는 것은 아니기 때문에 악착같이 건강관리를 잘하여 연금 타면서 오래 살고 싶을 것이다. 따라서 연금이 많으면 많을수록 풍요로운 생활을 하면서 건강관리를 더 철저히 챙기기 때문에 더 오래 산다고 보아야 한다.

아내 홀로 10년

우리나라의 결혼연령은 남자가 여자보다 3~4세 더 많다. 또 평균수명도 여성이 남성보다 4~5년 많다. 따라서 부부 나이 차이를 감안하면 여성 혼자 살아야 할 기간으로 총 8~10년을 보아야 한다. 또한 상당한 노후자금을 남편 간병에 지출해야 되는 것도 생각해야 한다.

인구주택 총조사에 의하면 우리나라 1인 가구가 최근 400만을 넘었다고 한다. 이중 60세 이상이 46.9%에 달한다. 홀로 사는 노인의 약 80%가 할머니로 추정된다. 핵가족화가 보편화 되면서 고령의 부모와 동거하는 자식들이 줄어들고 있는 데다 남편과 사별하는 할머니가 늘어나고 있기 때문이다.

이 같은 상황에도 여성들의 노후준비가 극히 취약하고 남편과 사별후 홀로 남은 부인은 힘든 노후를 보내게 된다. 자식과 남편만 바라고 살아온 부인은 정신적, 육체적 고통에 재정적 고통까지 겪게 되면서 10년을 더 살아야 된다면 여간 힘든 고통이 아닐 것이다. 홀로된 아내에게 필요한 생활비는 부부생활비의 70% 정도를 계산해야 한다. 따라서 연금도 부부형 연금을 선택해야 한다.

창업은 실패한다

최근 주변에 새로 생기는 점포들을 관심 있게 알아보면 대부분의 점포가 퇴직 후 개업을 하거나 창업을 하는 사람들이 많다. 50대 이상 자영업자의 대부분은 직장에서 퇴직한 후 퇴직금으로 생계수단으로 음식점, 프랜차이즈 등을 차리고 있다. 이렇게 자영업으로 몰리는 것은 은퇴 이후 재취업이 어렵고 취업을 한다 해도 대부분이 비정규직이고 저임금의 형태다 보니까 자영업으로 뛰어드는 것이다.

직장에서 은퇴를 한 박 씨는 아직 큰아이는 직장은 나가지만 결혼을 안 했고 막내는 대학에 다니고 있고 노후준비는 별로 하지 않아 살아갈 일이 막막했다. 결국 퇴직금으로 창업하기로 마음먹고 업종을 프랜차이즈 베이커리로 정했다. 아내와 하면 별 힘들이지 않고 쉽게 장사를 할 수 있을 것 같았다. 업체에서 모든 것을 해줘서 문을 여는 데 그리 시간이 오래 걸리지 않아서 드디어 창업의 꿈을 이뤘다. 그런데 막상 뚜껑을 열어보니 현실은 너무 냉혹했다. 비교적 목이 좋은 곳으로 매출은 높은 편이었지만 자신에게 돌아오는 순수익은 그리 높지 않았다. 인건비, 임대료, 각종 부가세, 관리비, 카드 수수료 등 고정비가 만만찮았다. 설상가상으로 주위의 빵집도 우후죽순처럼 생겨나 매상도 떨어졌다. 점포 차리는 데 상당한 돈도 들어가서 쉽게 포기할 수도 없는 처지였다. 이것은 한 사례지만 창업이 성공하는 경우가 극히 드물고 얼마후에 문 닫는 사례가 허다하고 수십 년간 일해서 받은 퇴직금만 날려버리는 것이다. 차라리 주택연금이라든지 퇴직금으로 즉시연금을 가입하여 아껴 쓰면서 노후 생활을 보내는 것이 안정적일 것이다.

3장

연금은 선택이 아닌 필수

모든 것에 우선하여 준비

연금준비는 보통 세 가지로 구분되는데 국민연금, 퇴직연금, 개인연금으로 나뉜다. 국민연금은 사실상 의무가입이고 퇴직연금도 직장인이면 회사에서 자동가입으로 선택의 여지가 없다. 문제는 개인연금의 선택인 것이다. 본인이 판단했을 때 국민연금과 퇴직연금으로 노후보장이 어렵다고 판단되면 지체 말고 개인연금을 준비해야 하는데 필자가 생각할 때는 이는 선택이 아니라 100세의 장수 시대로 진입을 하면서 필수적이라고 말하고 싶다. 어느 논문 발표에 의하면 우리나라 베이비부머 세대가 국민연금, 퇴직연금, 개인연금 3가지 모두 가입한 사람이 불과 5% 미만이었다고 한다. 수입이 많든 작든 노후준비는 해야 되고 노후준비는 연봉의 높고 낮음에 따라 정해지는 것이 아니라 아침에 일어나 세수하고 아침 먹고 직장에 나가는 하루의 일과처럼 수입의 일정 부분은 당연히 노후의 자금으로 인생의 일과로 준비해야 한다. '노후가 기다려지는 삶'을 위해 모든 것에 우선하여 준비해야 한다.

연령별 연금준비

장수시대에 따라 연금은 선택이 아니라 필수조건이다. 생활비 자녀교육 주택자금 등 당장 절대적으로 필요한 자금부터 지출하다 보니 저축할 여력이 없어 노후준비는 뒤로 미루게 되는 것이다. 직장에서 은퇴하면 당장 월급이 끊어진다. 따라서 가장 중요한 것은 그동안 받았던 월급처럼 매월 받을 수 있는 현금흐름의 자산 평생월급을 확보하는 일이다. 평생월급은 다른 자금출처도 있겠지만 가장 안정적인 것은 연금이다. 따라서 노후준비는 한마디로 연금준비라고 할 수 있겠다.

가. 20~30대의 노후준비

스포츠 중에서 마라톤은 꾸준한 페이스로 뛰는 것이 중요한 포인트이다. 초반에 너무 빨리 뛰면 쉽게 지친다. 그렇다고 쉬다가 한꺼번에 남들을 따라잡으려고 하기도 어렵다. 노후준비도 마라톤과 유사하다. 길게 그리고 멀리 보는 안목을 가지고 젊었을 때부터 은퇴 준비를 꾸준하게 시작해야 한다.

한국노년층의 빈곤율이 세계에서 가장 높은 수준이라는 것은 이미 잘 알려져 있다. 왜 한국노년층은 열심히 일했는데도 빈곤율이 세계 최고일까? 젊을 때 노후를 준비하는 일을 심각하게 생각하지 않고 자녀 뒷바라지하는데 올인하는 하는 사람이 많다. 자식에게 쓰는 과도한 사교육비가 잘못된 것이다. 노후준비를 언제부터 시작하는 것이 좋을지를 묻는 설문조사에서 많은 사람이 40대부터라고 답했다. 안타까운 일이다. 이는 한국민이 아직 노후에 대한 인식이 부족하다는 것을 드러내는 사례다.

일찍 일어나는 새가 벌레를 잡는다는 말처럼 은퇴준비는 직장생활 시작부터 염두에 둬야 한다. 직장에서 첫 월급을 받는 순간부터 은퇴를 대비해야 하고 급여의 10% 정도를 꾸준히 연금에 투자한다면 중간에 해약을 안 하고 노후까지 유지할 수 있을 것이다. 돈은 있으면 항상 쓸 데가 생기게 되어 있다. 차도 사고 싶고 가구도 바꾸고 싶고 자녀 교육비도 들어가고 자녀가 커갈수록 돈 쓸 곳은 점점 많아진다. 한 살이라도 더 젊었을 때, 1년이라도 더 시간이 있을 때 미리미리 은퇴자금을 준비해야 한다. 결국 시간이 해결해준다. 20년, 30년이면 돈도 새끼를 쳐서 목돈이 되는 것이다. 지금 좀 힘들더라도 미래의 희망을 꿈꾸면서 노후를 준비한다면 행복한 노후가 기다릴 것이다. 오로지 앞만 보고 평생 열심히 살아온 직장인들은 반드시 평화로운 노년을 즐길 자격이 있다.

우선 다른 것부터 하고 나중에 하지 하면 나이 들면서 점점 후회하게 된다.

"지금 살기도 힘든데" "그때 가서 어떻게 되겠지" "당장 쓸 일이 많은데" "벌써 노후준비를 해야 하나"하고 노후가 멀게만 느껴지는 것이다. 현재 다니고 있는 직장이 영원한 직장은 아니다. 언제 어떻게 될지는 아무도 모르는 것이다. 한국의 평균수명이 80세를 넘었다. 지금의 20~30대는 100세를 넘긴다고 보아야 한다. 그렇다면 준비 없이 은퇴 후 40년 50년을 노후로 보낸다면 끔찍한 생각이 들 것이다.

20~30대부터 소비를 줄이고 저축하는 습관을 가져야 한다. 은퇴준비는 되어 있지 않은데 40대, 50대에 직장을 잃고 나면 참으로 난감하다. 자녀들은 한참 학교에 다니고 있고 졸업을 했다 하더라도 취업이 어렵고 부모의 그늘에서 벗어나지 못한 것이다. 은퇴가 목전에 닥쳐서 후

회하지 말고 직장생활이 시작되는 시점에서 은퇴준비를 해야 한다. 젊어서부터 월급을 받을 때마다 노후자금을 준비하라는 것이다. 가령 30세에 30만 원을 월 저축하여 10년이면 원금이 3,600만 원이고 30년이면 원금만 1억 8,000만 원으로 엄청난 차이인 것이다. 가령 매일 사먹는 커피 한 잔, 담배 값을 아껴 만원으로 연금을 든다면 30년이면 원금만 1억 1,000만 원이다. 이율까지 계산하면 상당한 노후연금이 될 것이다. 여기에서 노후준비는 직장 시작하면서 바로 준비하는 이유가 될 것이다.

노후준비를 거창하게 생각하지 말고 다소 힘들더라도 소비를 줄이고 빨리 시작하면 풍요롭고 즐거운 노후가 기다릴 것이다. 어려움이 있더라도 절약해서 60세 이후의 연금을 차곡차곡 쌓아야 한다.

일본, 미국 등은 거의 '0' 금리다. 금리 너무 생각하지 말고 높은 이율, 투자 생각하지 말고 젊어서부터 절약하며 연금 준비하며 사는 것이 현명한 방법일 것이다. 50만 원 저축하면 50만 원 아끼게 되고 100만 원 저축하면 100만 원 아끼게 된다.

초저금리 시대에는 노후준비를 하루라도 빨리 시작해야 한다. 최근 기업에서도 퇴직 전부터 은퇴 준비교육을 하고 인생 2막을 준비하도록 프로그램을 운용하면서 은퇴설계지원을 하고 있는데 신입사원 때부터 재무, 노후준비교육을 할 필요가 있다고 본다. 일본 등 선진국에서는 저축 등 재무설계는 물론 집을 장만하는 요령까지 교육하고 프로그램별로 정부와 회사의 각종 지원책도 소개하고 40대에는 재산형성요령과 국가의 연금제도 정보도 제공한다. 50대가 되면 사회보장제도를 소개하고 노후건강을 챙기는 방법도 교육한다.

나. 40대의 노후준비

인생의 주기로 본다면 40대는 가정생활, 직장생활, 그리고 사회생활에서도 가장 힘든 시기면서도 가장 왕성한 활동을 할 시기이다. 수입 곡선도 늘어나면서 지출도 늘어나고 있는 시기이다. 생활비, 자녀들 교육비, 주택담보대출이자, 보험료 등으로 어느 정도의 수입으로는 노후준비를 생각할 겨를이 없다. 그러나 40대는 노후 연금을 준비할 마지막 시기로 보아야 할 것이다. 노후를 스스로 준비하지 않으면 피눈물 나는 후회를 할 것이다. 미래에 대한 고민 없이 안이하게 퇴직금이나 국민연금에 의존한다면 노후자금은 턱없이 부족하다. 따라서 부족자금을 채우기 위해서 반드시 개인연금을 준비해야 한다. 개인연금으로 노후의 안전장치를 해놓은 사람과 그렇지 않은 사람은 노후에 반드시 비교가 될 것이다. 직장인들은 언제 은퇴를 해야 할지 모르기 때문에 40대는 더 이상 은퇴준비를 미뤄서는 안 된다. 예상보다 빨리 은퇴를 하거나 건강 문제 등으로 경제적인 문제에 빠질 수도 있기 때문에 사적인 연금은 반드시 준비를 해야 한다. 40대는 젊었을 때처럼 공격적인 투자를 할 수 없고 최대한 저축을 늘려 자금을 확보해야 한다. 리스크가 높은 고수익이 아닌 아끼고 저축해서 연금확보가 최선책이라고 할 수 있다.

다음 그림은 연령증가에 따른 일반적인 수입과 지출 곡선이다. 수입 곡선은 연령이 증가하면서 서서히 증가하고 40대 중반~ 50대 중반에서 정점을 이루다가 줄어들면서 공적 연금 등을 수령하면서 종료하게 된다. 반면 지출곡선은 수입 곡선 밑으로 서서히 증가하다가 어느 순간 지출이 수입을 앞지르게 된다.

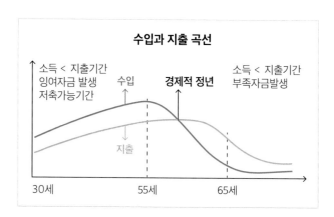

수입과 지출 곡선

소득 < 지출기간
잉여자금 발생
저축가능기간

수입

경제적 정년

소득 < 지출기간
부족자금발생

지출

30세   55세   65세

　수입이 지출보다 많은 기간을 잉여 수입기간 지출이 수입보다 많은 기간을 초과 지출 기간이라고 하는데 잉여 수입 기간에 연금 등 금융자산을 늘려 노후의 초과 지출 기간을 준비해야 하는 이유가 여기에 있는 것이다.

현금자산 비중을 늘려라

　고령화 시대에 돌입하고 저출산이 되면서 부동산경기는 계속 나빠지고 있다. 40~50대는 수입이 최고점에 도달하는 시기다. 향후 지출이 더 많아질 때를 대비해서 부동산비중을 줄이고 현금비중을 늘리면서 가능한 연금 준비를 할 시기다.

보장성보험준비

　노후에는 의료비 비중이 가장 크다. 종신보험, 건강보험, 실손보험 등으로 모든 질병이 보장되고 상해 보장, 한방병원 등 다양하게 보장되는 보험을 알아볼 필요가 있다.

변액연금보험

40대는 은퇴까지는 시간적 여유가 있기 때문에 노후대비 연금보험준비가 필요하고 그중에서도 변액연금보험이 이상적이다. 변액보험은 2001년부터 판매되기 시작하였다. 보장기능·저축기능·뮤추얼펀드의 형식이 혼합된 구조로, 적립금이 보증되지 않고, 특별계정에서 운용된다. 따라서 연금지급 개시 때 계약자 적립금은 최저로 보증되고, 사망보험금과 적립금은 계약의 투자 성과에 따라 변동한다.

주요 특징은 다음과 같다. ① 투자의 결과에 따라 원금 손실 또는 원금 이상의 보험금이 발생할 수 있다. ② 고객의 투자 성향에 따라 자산운용 형태를 설정할 수 있다. ③ 기존의 종신보험에 비해 상대적으로 보험료가 비싸다. ④ 별도 자격을 갖춘 사람만 판매할 수 있다. ⑤ 예금자보호법의 보호를 받지 못한다. ⑥ 목표수익률을 사전에 제시하지 못한다. ⑦ 반기별로 투자 실적 현황을 계약자에게 통지해야 한다.

변액연금보험은 채권과 펀드에 투자해서 수익을 얻는 구조이므로 운용회사의 사업에 따라 수익률이 달라지기 때문에 자세히 알아볼 필요가 있고 가입 후에도 관심을 가지고 변경이나 추가 납입 등을 이용 수익률을 높이는 쪽으로 관리해야 한다. 최저보증기능을 선택한 경우는 중도해약하면 최저 보증이 되지 않으므로 해지하지 않는 것이 좋다.

다. 50~60대의 노후준비

수입과 지출 곡선에 나타난 바와 같이 40~50대에 소득이 정점을 이루고 자녀들이 대학에 다니고 결혼을 하는 50~60대가 되면 지출이 수입보다 많아진다. 생활비, 자녀교육비, 자녀 결혼, 대출상환 등이 노후준비를 어렵게 하는 것이다. 이 모든 것을 줄이고 노후자금 준비가 우선이다. 생활비를 줄이고 교육에 올인하지 말고 자녀 결혼도 노후자금까지 사용하게 되면 큰 곤경에 빠질 때가 있고 자녀 스스로 집을 구해서 넓혀나가도록 해야지 잠깐의 만족을 위해 무리한 지출을 하지 말고 노후자금은 '절대 손대서는 안 되는 돈'으로 못 박아두어야 한다. 또한 50대, 60대는 절대로 리스크가 높은 고수익에 손을 대지 말고 안전한 투자를 하여야 한다. 고수익에 욕심을 내다가 모아둔 돈까지 잃어버리는 경우가 허다하게 발생된다. 국민연금, 퇴직연금, 개인연금으로 부족한 부분을 채울 생각으로 안전한 투자를 하여야 한다. 자산 전체에서 부동산이 차지하는 비중이 높으면 갑자기 의료비, 생활비를 비롯하여 목돈이 필요할 때 부동산을 처분하려 해도 잘되지 않는다면 자산은 많은데 생활에 고통을 느끼는 상당히 어려움에 처하기 때문에 이를 금융자산으로 옮겨놓을 필요가 있다.

연금 준비없이 은퇴를 맞이했다면 일시금을 금융회사에 예치하고 다음 달부터 즉시 연금이 나오는 즉시연금도 있다. 그리고 최후의 수단으로 주택연금도 생각해야 한다. 즉시연금과 주택연금은 다음에 다시 설명하기로 한다.

자녀가 부모부양기대 버려라

대부분은 노후대비보다는 자식 교육이 먼저라고 생각한다. 심지어 어떤 부모는 자녀에게 투자하는 것이 노후대비라고 생각하는 사람도 있다. 과거에는 결혼도 지금보다는 훨씬 빨랐고 부모의 은퇴 시점에 자식들도 어느 정도 기반을 잡았을 때이다. 게다가 평균수명도 짧았기 때문에 부모를 부양하는 것이 당연한 것으로 되어 있었지만 땅이나 집 하나라도 상속받는 경우가 많았다. 그러나 요즘의 상황은 너무도 많이 바뀌었다.

부모 부양하겠다는 자녀가 2002년에는 67.1%였으나 10년이 지난 2012년에는 35.6%로 절반 가까이 떨어진 것이다.

자녀에게 모든 것을 쏟아부어 희생하는 부모는 과거나 지금이나 변화가 없지만 해가 갈수록 부모를 모시겠다고 하는 수치는 빠른 속도로 줄어들고 있는 것이다.

평생 자녀 교육에 올인하지 말라

부모에 대한 부양의식이 점점 줄어들고 있는 의식변화의 시대에서 자녀의 교육에 과도한 교육비를 지출하면서 은퇴준비를 소홀히 할 수는 없다. 자녀 1명을 대학까지 공부시키고 결혼까지 시키려면 상대적인 차이는 많겠지만 보통 기준으로 볼 때 3억은 족히 넘어가리라 본다. 이 비용을 그대로 노후자금으로 저축한다면 노후 걱정이 없을 것이다. 그러나 우리나라 대부분 부모는 자녀양육과 교육을 최우선으로 생각하고 노후준비는 그 후로 생각한다. 이렇게 노후준비가 안 된 부모를 자녀들은 좋아할까? 답은 '그렇지 않다'이다. 사회통념상 자식들이 부모를 모시는 것으로 되어 왔지만 이제는 그런 기대를 안 하는 것이 좋다. 부모는 자식들 위해 자신의 노후마저 희생시키는 좋은 부모가 되고 싶어 한다. 그래야만 자식들에게 존중을 받을까? 지금은 자식들에게 좋은 부모는 자식들에게 부담을 주지 않는 부모다. 노후준비는 장기간에 걸쳐 준비하는 저축이다. 연금은 젊은 시절부터 준비하지 않으면 자녀교육비 때문에 놓치기 쉽다. 노후자금인 연금은 다른 지출을 줄이더라도 우선하여 준비해야 한다.

안전한 노후 생활을 원한다면 자식에게 전 재산을 쏟을 생각을 말아야 한다. 자식이 대학에 못 들어갈 바에야 차라리 일찍부터 직업 교육을 시키는 것이 현명한 처사다. 독일 사람은 초등학교 졸업할 무렵부터 길이 갈린다고 한다. 일본사람들은 특별히 공부를 잘 하지 않으면 부모의 기술을 물려받는 것은 당연하게 생각한다고 한다.

자녀 학비를 벌기 위해 엄마들이 일터로 나가고 부동산을 팔아서라도 자녀 뒷바라지하는데 투자한 것만큼 자녀들이 성공하는 것도 아니고 비싼 학비 들여 고액과외 시키고 해외 어학연수 보낸다고 하여 자녀가 반드시 공부 잘하고 부모에게 효도 하는 것도 아니다. 자녀가 졸업 후에도 취업을 못 해서 전전긍긍하다가 어쩌다 직장이라도 잡으면 고급호텔에서 결혼시키고 아파트전세라도 구해주어야 부모책임을 다했다며 자위하는 사람도 있다.

그러고 나면 대체 그 부모들은 노후를 어떻게 살아갈 것인가? 자식들이 부양해줄 것인가? 절대 그렇지 않다. 오히려 그런 자식들은 "다른 집 부모는 집을 사주는데 전셋집은 뭐냐" 하고 불만을 갖는다. 이제는 부모가 생각을 바꿔야 한다. 돈으로 애써 자식을 가르치기 보다는 사회에서 자리 잡을 수 있도록 기반을 마련해줄 생각을 해야 한다. '노후를 기다리는 삶'을 위해서는 우선순위를 노후자금에 두어야 한다. 자식에게 모든 것을 투자하지 말고 이보다는 연금하나 더 들어두는 것이 현명한 방법일 것이다.

다시 말해 노후자금부터 확보하고 자녀양육이다. 내가 쓰는 비용 생활비 중에서 제일 우선순위로 생각하라는 것이다. 요즘 주위에서 가끔 접하는 소식은 억대의 연봉을 받고 있는 중견기업의 임원이라 해도 자녀를 미국에 유학을 보내거나 교육비 과다지출로 은퇴자금을 준비 못한 부모들을 요즘 심심찮게 등장하는 실제 사건이 있다. 생활고에 시달리는 노부모가 자녀에게 부모부양료를 지급하라고 청구소송을 하고 있는 건수가 2011년 203건으로 9년 만에 3배 수준으로 증가했다는 것이다. 모든 것을 아껴 쓰고 자녀교육에 올인했건만 얼마나 배신감을 느끼면 자녀를 상대로 소송을 하겠냐는 것이다. 서글픔과 더불어 인생무상까지 느끼게 한다.

연금 수령액 적고 불안

호주금융연구센터에서 나온 자료에 의하면(2015년 10월 기준) 25개 국가 중에서 연금시스템 지속가능성에서 덴마크가 81.7점으로 제일 높았고 네덜란드, 호주, 스웨덴, 스위스가 그 뒤를 이었고 한국은 43.8점으로 24위 D등급으로 최하위를 차지했다. 대상국가는 지역적 다양성과 연금제도의 성숙 정도를 따져 선정하고 국민연금, 기초연금과 같은 공적 연금을 포함한 각국의 연금시스템의 적절성, 즉 은퇴 후 지급하는 연금액이 노후 생활을 하는데 충분한지 또한 공적 연금을 보완해줄 사적연금시장이 얼마나 활발하게 운영되는 지 등을 종합적으로 평가한 것이다. 덴마크와 네덜란드는 적립율이 높아 연금 시스템을 오랫동안 유지할 수 있고 사적연금시장이 발달한 것으로 조사되었다.

다음은 공무원으로 은퇴한 60대의 이야기다. 매월 연금이 250만 원 정도 나오고, 이달부터 공기업 현장 경비에 재취업을 해서 매월 150만 원을 추가로 받고 있다. 경비 일은 향후 5년 동안 하기로 했다. 현재는 월 수익이 연금과 경비 일을 합쳐 400만 원 정도다. 현재는 유동성이 있지만 자식 키우느라 노후대비 목돈을 마련하지 못했다. 매월 경비 일로 받는 150만 원으로 5년간 투자해 목돈을 만들고 싶어 한다. 이 중 생활비는 230만 원 정도고, 70만 원은 가족 4명의 보장성 보험으로 지출하고 있다. 지금은 남는 100만 원 정도를 그냥 통장에 넣어두는데 이율이 워낙 낮아 걱정이다. 매월 150만 원으로 해외채권, 국내 주식 적립식 펀드 등 이자 수익뿐 아니라 비과세 상품도 상담받고 싶어 한다.

최근 은퇴를 앞두고 있거나, 실제 은퇴를 준비하려는 분들의 상담이 실제로 많이 들어오고 있다. 그런데 이런 상담은 안타깝게도 30~40대에 은퇴 이후를 미리 준비하지 못한 경우가 대부분이다. 이들은 은퇴 이후 생활비에 대한 고민으로 조급해하는 경우가 많다.

그런데 실제 은퇴를 한 경우나 은퇴를 바로 앞둔 경우는 이러한 자금 마련에 조급함을 갖지 말아야 한다. 자칫 부족한 은퇴 이후 생활비만을 고민하다 보면 본인의 투자 성향을 벗어나 과도한 투자를 하기가 쉽다. 한 번 투자에 실패하게 되면 원금회복의 기회가 젊은 사람들에 비해 상대적으로 적기 때문에 더욱 위험하다. 따라서 은퇴를 목전에 둔 경우라면 최대한 안전하고 실패할 확률이 낮은 투자가 필요하다.

은퇴를 준비할 때 가장 중요한 대비책은 재취업입니다. 은퇴 이후에도 비재무적 관점으로 보더라도 할 일을 찾아 정서적인 안정을 하는 것은 물론이고 생활비에 충당할 추가적인 현금흐름을 만들 수 있는 가장 좋은 방법이기 때문이다. 다행스럽게도 사례의 경우에는 이미 재취업이 확정된 상황이다. 재취업으로 앞으로 5년간 매월 150만 원의 추가적인 현금 흐름이 생긴 것은 은퇴 이후 생활에 아주 큰 도움이 될 것이다.

내 노후는 누가 지켜줄까?

나를 지켜주는 가장 안전한 자산은 무엇일까? 내가 살고 있는 집, 건물, 상가, 땅 같은 부동산 그리고 주식, 금융 자산에 의존하고 있는 사람이 많지만 과연 완벽한 것으로 보아야 할까?

10년 후, 20년, 30년 후에도 가치보전과 쉽게 현금화할 수 있는 것인지는 미지수이다. 최근의 금융 상황은 너무도 불안하기 짝이 없다. 어떻게 변할 것인지는 아무도 예측하기 어렵다. 가장 믿을 수 있고 안전한 것은 부동산도 아니고 주식도 아니다. 그렇다고 자식이 나를 보장해줄까? 나를 안전하게 보장해 줄 수 있는 안전핀은 오로지 연금이다.

필자는 직장을 다니고 있는 동안 반드시 노후준비를 시작 해야 하고 그것도 연금으로 준비하라고 권하고 싶다. 노후준비 모두가 알고 있다고 반문하는 사람이 있지만 아는 만큼 확실하게 준비하는 사람은 많지 않다. 공부 열심히 하면 좋다는 것은 누구나 다 알지만 게으르거나 귀찮아서 제대로 공부하지 않는다. 노후준비도 마찬가지다. 그 중요성은 다 알고 있지만 우선 먹고 살기 바빠서 여의치가 않고 때가 되면 어떻게 될 거라는 안이한 마음, 막연한 생각에 때를 놓치고 있다. 100세 시대는 30년을 벌어서 40년을 살아야 하는 시대다. 노후문제의 중요성은 몇 번을 강조해도 지나치지 않는다.

기업체의 임원을 했든 국회의원을 했든 은퇴 후 60대가 되면 일자리도 구하기 어렵고 어디에 손 내밀기도 어려운 노릇이다. 직장 다닐 때 제대로 준비하지 않으면 80세, 90세가 넘어 정말로 피눈물이 나는 상황을 생각해 보아야 한다.

세상에는 두 종류의 사람이 있다. 미래를 생각하면서 현재의 욕망을 줄이고 열심히 사는 사람과 현재의 삶에 만족하고 현재의 욕망에 사로잡혀 미래의 투자를 하지 않는 사람이다. 마찬가지로 노후 자금의 필요성을 절감하고 생활비, 교육비를 줄이고 연금을 준비할 것인가? 어떻게든 되겠지하고 현재의 생활을 즐기는 사람이 될 것인가?

인류가 겪어보지 못한 100세 시대에서 장수가 축복이냐 재앙이냐 어느 것을 선택할지는 답은 뻔하다. 이미 언급이 되었지만 연금준비는 선택이 아니고 반드시 준비해야 하는 필수사항이고 의무다.

이 시대의 확실한 효자는 연금이다

자식을 훌륭하게 키워 놓으면 부모들의 노후는 걱정 없이 행복하게 살 수 있다고 믿었는데 현실은 그렇지 않다. 세상은 급속하게 변하고 있고 자식을 믿는 것보다 노후에 내 통장에 매월 또박또박 연금이 들어오는 것을 믿어야만 하는 세상이다. 연금을 믿는 것이 행복한 노후설계의 첫걸음이 되었다는 것을 알아야 한다.

통계청 자료에 따르면 경제적인 어려움은 노인들에게 가장 해결이 어려운 문제임을 알 수 있다. 한국은 세계에서 유사한 사례를 찾아볼 수 없을 정도로 초고령 사회로 급속도로 진행하고 있다. 이유는 한국은 세계적으로 저출산율에다 건강관리와 의학의 발달로 평균수명이 지속적으로 늘어나고 있기 때문이다. 과거에는 평균수명이 짧고 노인 인구가 적어 부모를 모시는 자식들이 많았고 또한 농경사회의 기반으로 부모를 모시는 것은 당연했지만 이 같은 사회통념이 무너지고 부모를 모시는 것이 부담스러운 것으로 되어가고 있다. 때문에 소득의 능력이 있을 때 노후를 준비해야 하고 그것도 연금준비가 가장 바람직하다.

연금은 확실한 효자 역할을 할 것이다. 은퇴 후에는 안정된 현금흐름을 만들어 내는 것이 중요하다. 정해진 날짜에 정해진 금액이 죽을 때까지 나오는 내 몸에 맞는 시스템을 구축해야 한다. 자녀가 독립해서 잘 살아 주는 것이 부모에게 최고의 선물이듯이 은퇴한 부모가 자녀에게 해줄 수 있는 최고의 선물은 바로 연금준비라고 생각한다.

연금 받는 그룹과 못 받는 그룹

60세가 넘으면 연금 받는 그룹에 낄 것인가 아니면 연금 못 받는 그룹에 낄 것인가? 두 그룹으로 나뉜다. 요즘 가장 인기 있는 은퇴한 남자와 여자는 '연타남' '연타녀', 즉 연금 타는 남자와 연금 타는 여자란 뜻으로 요즘 사회적 세태를 말해주는 신조어다.

얼마 전까지만 해도 은퇴를 할 때, 퇴직할 때 얼마를 가지고 있어야 하는 지가 중요한 문제였다. 적어도 5~6억은 있어야 하고 10억이 넘으면 안전하다고 했지만 그러나 요즘의 은퇴자들은 이에 미치지 못하는 사람이 많다. 2015년 통계청 자료에 따르면 우리나라 가구의 총 재산은 3

억 4,246만 원에서 부채 6,181만 원을 뺀 순 자산으로만 본 평균은 2억 8,065만 원으로 3억에도 못 미친다. 따라서 연금준비가 심각하게 대두되는 것이다. 노후 생활을 위해 얼마를 가지고 있느냐가 아니라 매월 얼마의 연금을 받느냐가 더 중요한 것이다. 최근 같은 저금리시대에는 임대형태도 전세에서 월세로 패러다임이 바뀌고 있는 것처럼 노후준비에서도 소유하고 있는 자산의 크기보다 매월 받는 연금이 얼마냐를 따지는 시대로 바뀌고 있다.

연금의 소득대체율

'자유, 만족, 행복'은 무엇일까. HSBC은행이 17개국 1만 7,000명을 상대로 "은퇴란 단어를 들으면 무엇이 떠오르냐"고 물은 것에 대한 선진국 사람들의 대답이다. 우리나라 사람들의 설문답변은 "경제적 어려움"을 많이 생각한다. 왜 이런 차이가 날까? 선진국들의 경우는 노후복지 연금제도가 잘 되어 있기 때문이다. 은퇴하더라도 연금만으로도 어느정도 행복한 삶을 살 수 있다는 것이다. 따라서 선진국은 '은퇴하면서 잘 가라! 스트레스야 반갑다! 연금아!(Goodbye, tention. Hello, pension)'라고 한다. Pension은 식사가 제공되는 숙소와 연금이라는 두 가지 뜻을 가진 프랑스어다. 연금과 경치 좋은 곳에 있는 펜션은 사람들에게 행복감을 가져다 두는 공통점을 갖고 있다. 선진국은 연금을 얼마나 준비하고 있길래 은퇴가 이토록 긍정적으로 다가오는 것일까? 연금의 소득대체율은 있는데 은퇴 후 월 생활비 중 연금으로 충당하는 비율이다. 예를 들어 은퇴한 부부가 월 300만 원의 생활비를 사용한다면 이중 연금이 150만

원이면 소득대체율은 50%가 된다. 세계은행과 경제협력개발기구(OECD) 등이 내놓은 적정소득대체율은 60~70%이다. 노후 생활비가 현역으로 직장 생활하는 동안 받은 월급의 60~70%면 은퇴 후 편안한 행복한 삶을 살 수가 있다는 것이다.

국민연금은 턱없이 부족하다

국민연금법 제1조는 노후생활안정과 복지증진에 이바지하는 목적이라고 규정하고 있다. 국민연금이 도입된 지 28년이 지났다. 국민연금이 노후를 제대로 보장하고 있을까? 그러나 생활비로 충당하기엔 턱없이 부족하다고 하고 용돈 정도로 생각하는 사람이 대부분이다. 퇴직연금 개별연금을 별도로 준비하지 않으면 노후 생활이 불안하다. 국민연금 소득대체율(생애평균소득대비 연금의 비율)은 2015년 기준 24.2%이고 2030년 23.3%, 2050년 20.4%로 떨어질 것으로 추정된다. 연금 종주국 독일은 47%에 달한다. 중앙일보가 2015년 10월, 40~59세 1,000명을 대상으로 국민연금인식을 조사했다. 예상수령액이 63만으로 알고 있었고 이는 적정 노후 생활비의 29% 수준으로 나타났다.

정년을 3년 남긴 김 씨(57세)는 요즘 퇴직 후 살아갈 수 있을지 고민이 많다. 그동안 직장 생활하면서 국민연금, 퇴직연금, 개인연금을 착실하게 불입하여 왔는데 현재 예상연금을 알아본 결과 국민연금 70만 원, 퇴직연금 40만 원, 개인연금 20만 원을 합쳐도 130만 원이다. 필요자금은 생활비 등 최소 200만 원은 되어야 하는데 턱없이 모자란다. 우리나라는 공적, 사적연금을 모두 포함한 소득대체율이 42.1%인데 비하여 네덜란드 90.75%, 미국 76.2%, 영국 67.1% 등에 비하면 너무도 차이가 난다. 정부에서도 사적연금 활성화 방안을 마련하고 있지만 정책의 속도가 급속한 고령화를 쫓아가지 못하는 것이다.

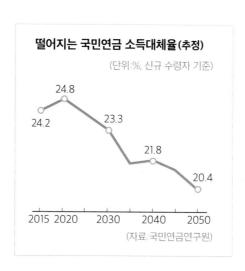

보험개발원에 의하면 한국의 민영연금 가입율이 고령사회로 감에도 불구하고 선진국보다 크게 낮다고 한다. 우리나라 사람들이 개인연금 가입률은 전체 인구의 15.8%이고 독일이나 미국 등 선진국의 개인연금가입률이 53~64%이고 일본은 67%에 비하여 너무도 떨어지는 수치이다.

한국의 노후빈곤율

우리나라의 노후빈곤율은 OECD 국가 중 가장 심각하게 나타나고 있다.

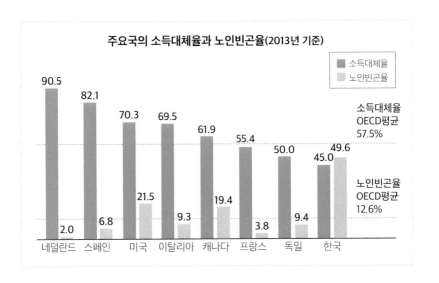

주요국의 소득대체율과 노인빈곤율(2013년 기준)

■ 소득대체율
■ 노인빈곤율

소득대체율
OECD평균
57.5%

노인빈곤율
OECD평균
12.6%

	네덜란드	스페인	미국	이탈리아	캐나다	프랑스	독일	한국
소득대체율	90.5	82.1	70.3	69.5	61.9	55.4	50.0	45.0
노인빈곤율	2.0	6.8	21.5	9.3	19.4	3.8	9.4	49.6

위 표에서 나타나듯이 대체로 소득대체율이 낮은 나라의 노인빈곤율이 높은 것으로 나타난다. 이것은 당연한 상황으로 보아야 한다. 연금이 노후생활을 받쳐주지 못하고 다른 재원이 없다면 은퇴 후 바로 빈곤층으로 전락할 수밖에 없다. 우리나라 노인빈곤율은 49.6%(2013년)로 OECD 국가 중 가장 높고 네덜란드 2.0%, 스페인 6.8% 이탈리아 9.8%에 비하면 비교가 안 되는 수치다. 한국은 연간 근로시간이 2,124시간으로 세계에서 가장 오래 일하는 국가인데 막상 은퇴하고 나면 빈곤층으로 내몰리는 것은 아이러니라고 할 수 있다. 자녀들 교육, 결혼 등 여러 가지 이유를 내세우겠지만 직장 생활을 하는 동안 노후준비를 소홀히 하는데 기인한다고 보아야 한다. 100세 시대를 준비하면서 이제는 연금은 선택이 아니라 필수다.

국민연금, 퇴직연금, 개인연금

공적연금(국민연금, 공무원연금, 군인연금, 교직연금)과 퇴직연금, 개인연금 그리고 소득대체율은 연금이 생활비의 몇%인가로 계산한다. 이때 국민연금과 퇴직연금 그리고 개인연금을 합쳐 이른바 3층 연금이라고 한다.

목돈보다는 매월 월급처럼 받을 수 있는 연금이어야 한다. 곶감 빼먹듯이 생활비, 병원비가 목돈에서 빠져나간다면 줄어드는 것만큼 심리적으로 불안하기 짝이 없다.

연금준비는 빠르면 빠를수록 좋다. 직장생활을 시작하면서부터 국민연금과 퇴직연금이 적립되고, 이 두 연금으로는 노후 연금으로 부족하다 생각하면 지체 말고 개인연금을 준비해야 한다. 40대부터는 선 저축 후 소비를 통해 가계를 관리해야 한다.

50대가 되면 자녀지원문제, 노후자금준비, 금융자산, 부동산 비중을 각각 어떻게 해야 할지를 생각해야 하고 60대가 되면 노후자금만을 위한 모든 것을 정리하여야 한다. 가능한 부동산을 줄이고 금융자산도 현금화할 수 있도록 하여야 하고 그래도 부족하다 싶으면 마지막으로 주택연금을 활용할 수 있는 방안도 생각해야 한다.

은퇴 후 노후에 얼마나 연금을 수령할 수 있을까? 체크하고 부족한 연금은 개인연금으로 준비해야 하는 데, 이때 필요한 연금 – 예상 수령연금 = 부족한 연금(개인연금으로 준비)으로 계산한다.

건강보험 준비

60세 정도가 되면 연금이 얼마큼 준비되어 있는가가 가장 중요한 일이라 할 수 있을 것이다. 모든 국민이 가입하고 있는 국민연금에다 퇴직연금 그리고 개인연금을 합쳐 은퇴 후 원하는 월 생활비와 비슷하게 미리부터 잘 맞춰놓아야 한다. 이때 한 가지 더 준비해야 하는 것이 건강보험이다. 아무리 연금을 잘 차려 놓았다고 하더라도 암이나 심장질환 같은 중대질병이 갑자기 오면 목돈이 들어간다. 이를 대비하기 위해 질병에 대한 보장성보험 그리고 실비병원비가 보장되는 실손 보험 등을 준비할 필요가 있다. 연금 그리고 보험준비야말로 저금리 고령화 시대에도 품위 있으면서도 '노후가 기다려지는 삶'을 살 수가 있을 것이다.

부동산을 금융자산으로

최근의 금융환경은 저성장 저금리로 바뀐 지 오래다. 수명도 갑자기 늘었다. 그러나 자산관리는 과거의 고성장 고인플레시대 관행에 무게획적이다. 그 중 하나가 부동산 쏠림 현상이다. 금융투자 협회에 따르면 2014년도 기준으로 한국 가계자산의 73.2%가 부동산 등 비금융자산에 몰려있다. 금융자산비중은 26.8%에 그친다. 미국은 금융자산비중이 70.1%, 일본 61.6%, 영국 52.2% 등으로 대부분 선진국이 한국보다 훨씬 높다. 우리나라 중산층자산은 급할 때 현금화가 어려운 부동산에 몰려 있는 게 가장 큰 문제다. 1990년대 초반까지 꾸준한 상승세로 치닫고 있던 일본도 부동산불패신화를 이루어 왔지만 지난 20년간 계속 하락해 왔다.

최근에는 인구 감소의 영향으로 빈집이 늘어나면서 사회문제로 대두되고 있다. 우리나라도 인구감소 금융자산부족으로 볼 때 전혀 안심할 수는 없다고 보아야 할 것이다. 혹시라도 부동산시장의 조정과 반퇴시대의 대량퇴직이 맞물려 부동산시장이 침체되면 중산층의 노후가 위태로울 수 있다. 부동산에 있는 자산을 분산해 퇴직 후에도 일정한 수입이 매월 들어올 수 있도록 하는 연금 등에 관심을 가질 필요가 있다. 통계청 인구전망자료에 따르면 5,000만 인구는 2030년 5,200만을 정점으로 감소하기 시작 계속 줄어들 것으로 예상하고 있다. 우리나라보다 20년 정도 앞서 인구 고령화가 진행되고 있는 일본은 인구감소까지 겹치면서 주택 수요가 크게 감소하고 있다. 따라서 주택가격 하락은 20년째 지속되고 있다. 일본은 매년 약 20만 채의 빈집이 늘어나고 있다고 한다. 일본의 부동산현상은 우리에게도 많은 시사점을 주고 있다.

우리나라도 고령화 진입, 저출산 현상에 따라 부동산가격이 하락할 것으로 전망되므로 이제는 부동산비율을 줄일 때라고 본다. 나이가 들수록 금융자산비율을 높여 유동성 확보하는 것이 바람직하다고 본다. 금융상품투자는 직접투자보다는 증권사의 우수한 PB를 활용하여 간접투자가 바람직하고 펀드, 채권, 주식 등 반드시 분산투자가 필요하며 비과세를 활용한 연금상품은 시중은행 금리보다 나은 금리보장을 하며 기간에 따라 이자소득세, 비과세, 금융소득종합과세도 적용되지 않는 것이 있어 고려해볼 만하다.

저출산 · 고령화 현상

저출산 현상은 태어나는 아이의 수가 감소하여 사회의 출산율이 낮아지는 현상이며, 고령화 현상은 전체 인구 가운데 만 65세 이상 노년 인구가 차지하는 비율이 높은 것을 말한다.

급감하는 합계 출산율

4.53명
2.83명
1.60명　1.47명
　　　　　　　1.08명　1.23명　1.24명

1970　1980　1990　2000　2005　2010　2015(년)

(자료: 2011년 통계청)

우리나라의 합계 출산율을 보면 합계 출산율이 낮을수록 한 여성이 출산하는 자녀 수가 적다는 의미이다. 합계 출산율[1]이 1.3명 이하인 경우 초저출산 사회로 분류한다. 우리나라는 이미 초저출산 사회라고 볼 수 있다.

내 자산과 부채의 구조조정

노후설계는 내가 은퇴 후 집을 어떻게 지어야 하나 다시 설계하는 것과 같다. 누구나 경치 좋고 공기도 좋은 곳에 집을 잘 짓고 싶지만 마음대로 되는 것이 아니다. 은퇴를 앞둔 50대에 접어들면 노후에 대한 두려움이 다가온다. 자녀는 아직 학교에 다니거나 군 복무, 직장에 들어가기

1　여성 1명이 평생 동안 낳는 자녀 수의 평균

전이 태반이다. 이때 자산과 부채를 구조조정을 하여 불합리한 구조를 개선하여 효율성을 높일 수 있도록 해야 한다.

그 첫 번째가 부동산을 줄이고 부채를 정리하는 것이다. 2015년 통계청의 자료에 따르면 우리나라 가계의 경우 총자산 중 부동산의 비중이 68%에 달한다. 연령이 많아질수록 그 비중은 올라가는데 60대 이상이 되면 78.4%로 올라가는데 가지고 있던 예금이나 금융자산을 자녀의 교육, 결혼 등에 소비하면서 남아있는 것은 부동산만 남아있게 되는데 이 비중을 낮추어 금융자산으로 옮겨놓을 필요가 있는 것이다.

특히 은퇴를 앞둔 50대에는 부동산자산을 늘리는 것은 금물이다. 보유부동산을 단계적으로 줄여야 하고 노후자금을 안정적으로 마련할 수 있는 연금자산을 계속 늘리는 방법으로 가야 한다. 가령 8억 원짜리 아파트에 사는 것보다 5억 원짜리 아파트에 살면서 3억 원을 연금보험, 즉 시연금 또는 이자지급식 금융상품에 가입하고 국민연금을 합산한다면 노후는 훨씬 여유가 있을 것이다.

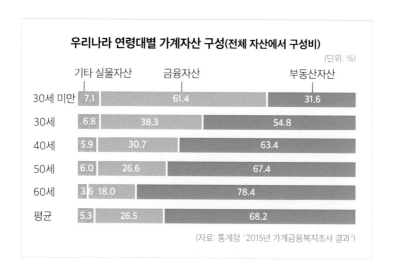

우리나라 연령대별 가계자산 구성(전체 자산에서 구성비)

(단위: %)

기타 실물자산 / 금융자산 / 부동산자산

	기타 실물자산	금융자산	부동산자산
30세 미만	7.1	61.4	31.6
30세	6.8	38.3	54.8
40세	5.9	30.7	63.4
50세	6.0	26.6	67.4
60세	3.6	18.0	78.4
평균	5.3	26.5	68.2

(자료: 통계청 '2015년 가계금융복지조사 결과')

4장

연금의 유형

연금보험도 다양하다

20~30대, 40~50대, 60대 이상, 연령 별로 특징이 있다. 20~30대의 연금 보험은 정기적 추가 납입으로 높은 적립율이 가능하며 보장 투자 은퇴를 준비한다는 특징이 있고 40~50대의 연금은 고령화 사회에 맞는 연금지급기능을 갖춘 상품이며 중도인출이라든지 자금 활용도 가능한 상품이다. 60대 이상의 경우는 장기간 납입이 어렵기 때문에 일시불납이나 즉시연금이 가능하며 안정적인 연금 수령하는 상품을 선택해야 하고 연금수령자 조기 사망시에도 연금보증 지급하는 상품도 있고 장기 간병 특약도 가능하다.

연금은 부부 중 어느 한 사람이 먼저 사망하더라도 남은 배우자가 안정적인 연금을 수령할 수 있는 부부형 연금으로 가입하는 것이 좋다.

개인 연금의 종류

1. 연금저축(세제 적격연금)

보험사, 은행 등 금융회사에서 거의 판매하고 있는 상품으로 납입액에 대해 연간 400만 한도까지 소득공제 혜택을 받는 상품으로 근로자들이 많이 가입하는 대표적인 연금저축상품이다. 연금저축의 특징은 납입액에 대해 소득공제 혜택이 있는 반면 중도해지 일시금으로 수령할 경우는 일정액의 세금을 내야 한다.

직장인들이 노후연금수령목적이고 절세의 효과도 있다. 모든 혜택이 10년 이상 유지해야 유리하도록 설계되어있기 때문에 10년이 되기 전에 해지하면 그동안 소득공제된 것까지 원천징수 되기 때문에 반드시 10년 이상 꾸준히 넣어야 하고 은퇴 후 연금수령하는 데 중도해지 시는 손해도 발생할 수도 있다는 것을 감안해야 한다. 이러한 이유는 예금 적금은 원금 전액을 이자율에 따라 적립하지만 연금저축은 보험료에서 사업비와 위험보장을 위한 보험료를 차감한 금액이 이자율에 따라 적립되기 때문이다.

2. 연금보험(세제 비적격연금)

연금보험은 생명보험회사에서 판매하는 상품이다. 연금보험의 특징은 소득공제 혜택은 없지만 10년 이상 유지하면 보험차익에 대해서는 비과세 혜택이 있다. 연금을 수령할 때도 과세가 없는 장점을 갖고 있다. 연금보험은 이자 소득세, 비과세 혜택이외도 사망에 대한 보장기능도 있으며 연금저축보다는 유연한 상품으로 직장인들이나 개인사업가까지도 활용도가 높은 상품이다. 연금보험을 활용하면 10년 이상 유지시 보험차익에 대한 비과세 혜택으로 금융소득종합과세를 효과적으로 관리할 수 있다. 자산가들도 종신보험과 연금보험을 활용해서 절세와 상속을 효과적으로 한다는 것은 잘 알려져 있다.

3. 변액연금보험

변액연금보험은 주식시장의 상황에 따라 수익률이 변동하는 실적배당형 상품이다. 물가 상승률을 반영한다는 뚜렷한 목적성을 갖고 있으며 펀드상품을 연금화했다고 볼 수 있다. 이 상품은 같은 연금보험이라도 투자형 상품이기 때문에 주식시장에 따라 이익손해가 나기 때문에 가입자는 신중한 선택을 해야 한다. 그러나 원래의 연금상품이므로 최악의 경우에도 납입한 연금은 보장해준다. 변액연금의 경우는 투자방식에 따라 투자 수익률에 중점적으로 투자하는 주식형 안정성은 높으나 장기 투자 시 투자 수익률은 상대적으로 낮을 수 있는 채권형 채권 주식 및 유동성 자산에 투자하여 이자수익 및 투자수익을 동시에 추구하는 혼합형으로 구분할 수 있으며 보험회사는 가입자에게 주기적으로 실적 내용을 보내주기 때문에 가입한 이후에도 주기적으로 체크할 필요가 있다.

연금 지급 유형

1. 종신형

글자 그대로 종신토록 사망할 때까지 연금이 지급된다. 연금지급개시가 되면 중도해약은 불가능하다. 종신형은 그 어느 자산에 우선하여 내가 죽을 때까지 나를 안전하게 지켜주는 유일한 자산이다. 종신형이긴 하지만 가입자의 선택에 따라 조기 사망 시에도 10년 보증, 20년 보증 등 보증기간을 설정할 수 있다. 본인이 사망하더라도 홀로 남아있는 배우자에게 지속적으로 연금 수령할 수 있는 부부형으로 가입하는 것이 좋다.

2. 확정형

가입자가 연금지급 기간을 선택할 수 있다. 5년, 10년, 15년, 20년 등 확정적으로 연금을 받을 수 있다. 기간을 가입자의 사망과 관계없이 확정 기간동안 지급되는 형태이기 때문에 종신형에 비해 연금액이 다소 높다.

3. 상속형

노후 생활과 상속자산, 이 두 가지 기능을 모두 충족하는 상품이다. 고액의 자산가들이 선호하는 상품으로 고액의 목돈을 일시에 납입하는 즉시 연금 형태로 많이 이용된다. 상속형은 정한 기간 동안 연금을 수령하고 만기가 되면 만기보험금을 수령할 수 있고 자식에게 상속할 수도 있는 연금이다.

즉시연금

은퇴하면서 받은 퇴직금으로 창업을 고려하는 사람들이 많이 있으나 평생 월급쟁이로 살아온 직장인 은퇴자들은 쉽게 결정할 일이 아니다. 투자금 대비 고정수입을 올리기가 쉽지 않아 버티기가 어려운 것이다. 그렇다고 안정적인 은행에 돈을 맡겨도 저금리에 한 달 생활비로는 턱없이 부족하다. 따라서 요즘 주목받고 있는 것이 즉시연금이다. 목돈을 맡기고 그 다음 달부터 연금수령이 가능한 상품이다.

매월 월급식으로 연금을 받고 싶은데 나이가 많아 연금저축을 하려면 상당한 기간이 필요하고 불입할 여력이 없어 보유하고 있는 퇴직금, 부동산 주식 등을 처분하여 즉시연금으로 하여 매월 받는 형태이다. 일반 연금 상품은 장기간에 걸쳐 보험료를 불입하고 은퇴 후 이를 나누어서 매월 연금을 수령하는 데 비해 즉시연금은 목돈을 예치 후 거치기간이 없이 다음 달부터 매월 연금을 받을 수 있다. 연금을 미처 준비하지 못한 50~60대 사람들에게 적합한 상품으로 요즘 많이 이용하고 있다. 즉시연금도 다양한 지급형태로 원하는 은퇴 플랜을 설계할 수 있다.

1. 순수종신 연금형

피보험자가 계약일로부터 종신까지 살아 있을 때 매월 지급하며 공시이율로 계산된 금액을 지급하며 조기에 집중적으로 지급하는 조기집중 연금형이 있고 부부 중 한사람이 사망할 경우 다른 배우자가 수령하는 부부형 연금도 있다.

방카슈랑스로 판매 중인 한 보험사 즉시연금의 경우 60세 남성이 종신형으로 1억 원을 가입하면 평생 매월 391,000원(공시이율 3.09%, 20년 지급 보증기준)을 받는다

2. 상속연금형

매월 연금을 지급받다가 만기 시에는 이미 납입한 보험료를 만기보험금으로 수령하는 만기형이 있고 연금받다가 사망 시 유가족에게 사망보험금으로 상속하는 종신형도 있다. 예를 들자면 60세 남성이 1억원을 만기 10년짜리 상속형으로 가입하면 매월 20만 5,000원 씩(공시 이율

3.09%) 받고 만기에 원금 1억 원을 돌려받는다.

3. 체증연금형

인플레이션 헷지를 위하여 연금 연액이 증가하다가 일정 기간 이후 동일한 금액을 수령한다.

4. 확정기간 연금형

보험 기간동안 매월 지급하는 연금이다. 즉시연금은 세금 면에서 혜택이 크다. 종신형 즉시연금은 금액과 상관없이 비과세다. 단 55세 이후 연금을 받고 지급보증 기간이 기대여명보다 짧은 경우에 한한다. 또한 상속형 즉시연금은 10년 이상 유지하면 2억 원까지는 이자소득세를 내지 않는다. 이때 2억 원은 자신이 가입한 모든 저축성 보험의 합계로 따진다.

류재광 삼성생명 은퇴연구소 수석연구원은 즉시연금은 리스크를 감내하기보다는 안정적인 수익을 원하는 고객에게 적합하다고 한다. 반퇴시대는 자식에게 재산을 물려주지도 폐를 끼치지도 않겠다는 생각이 강하다며 갈수록 종신연금형 비중이 늘어날 것이라고 전망했다.

베이비부머 세대는 노후준비 방법 중 국민연금의 비율이 가장 높게 나타나고 있으나 정년 퇴직 후 연금 수령시까지 상당 기간 공백기가 존재한다. 50대 중후반에 직장에서 은퇴하면 5~10년 정도는 연금 없이 보내야 한다. 따라서 부족한 생활비를 마련하기 위해 개인연금을 반드시 준비해야 한다. 또한 부동산을 줄여 노후준비를 해야 하고 연금 일시납으로 즉시연금도 생각해야 한다.

부모님에게 용돈보다 즉시연금으로

직장에서 부장으로 근무하는 40세의 박 씨는 70세가 지난 부모님께 매월 용돈을 드리고 있다. 부모님은 나이가 들어 병원도 자주 가시고 국민연금을 받기는 하지만 용돈 없이는 생활이 불가능하다. 박씨는 결혼할 때 집을 마련할 형편이 안 되었고 당시 아버님이 퇴직하면서 수령한 퇴직금이 있었다. 염치 불고하고 아버님의 퇴직금으로 신혼집을 마련하는데 써버렸기 때문에 부모님에게 용돈을 드리는 것은 당연한 일이다. 그러나 박 씨는 용돈을 더 드리고 싶어도 중고등학교에 다니는 아이들, 아파트 대출금 이자 등 빡빡한 입장이다. 고민 끝에 아이들 대학 가면 어학연수를 보내려고 준비하고 있는 5,000만 원을 부모님 앞으로 즉시연금에 가입을 해드렸다. 15년 확정 연금으로 가입했는데 42만 원이 나온다고 한다. 아이들 해외연수는 나중에 아르바이트하여 가라고 하고 월급 타면 매월 꼬박꼬박 부모님 용돈 드리는 것이 무척이나 부담스러웠는데 즉시연금으로 일시에 해결되어 홀가분해졌다.

퇴직연금

2005년부터 시행된 퇴직연금제도는 그동안 회사 자체적으로 적립하던 퇴직금을 금융기관에 적립해서 근로자가 퇴직할 때 연금 혹은 일시금으로 지급받는 제도이다. 따라서 급여 수준은 기본적으로 퇴직금과 동일하다. 기존의 퇴직금제도는 기업이 도산하면 퇴직금을 받을 수 없는 경우도 있었지만 퇴직연금은 안전한 금융기관에 예치하기 때문에 회사가 폐업하거나 도산하더라도 퇴직금은 안전하다.

직장을 옮길 경우도 퇴직금을 받아서 써버리는 것이 아니라 최종직장에서 은퇴할 때까지 개인 퇴직 구좌에 퇴직금을 쌓아두었다가 55세 이후 연금 또는 일시금으로 수령할 수 있다.

퇴직금은 반드시 연금으로

직장인, 공무원, 교직자, 군인 등 은퇴를 하면서 연금을 받을 수 있다. 이때 자녀의 교육이나 결혼자금 또는 자녀의 주택자금을 해결하느라 퇴직금을 일시금으로 받는 사례가 종종 있는데 이는 절대 금물이다. 자녀들의 일은 다른 자금으로 해결해야지 은퇴 시의 연금은 노후 비용으로 생각해야 한다. 퇴직연금은 수십 년간 직장에서 수고한 대가로, 부부의 노후 생활비로 사용해야 한다. 따라서 반드시 연금으로 선택해야지 혹여나 일시금 수령 후 타 용도로 사용하여 실패라도 한다면 그야말로 노후는 암담한 신세가 될 수밖에 없다.

회사의 퇴직연금 부담금은 모두 법인세 혜택을 받는다. 퇴직연금제도는 확정기여형(DC형)과 확정급여형(DB형)으로 나눌 수 있다.

확정기여형: 연간임금총액의 1/12에 해당하는 금액을 부담금으로 적립하고 이후에 대한 운용은 근로자가 하며 종국적인 손익은 근로자가 부담한다. 즉 사업주로서는 매년 부담금을 적립만 하면 되고 이를 운용하는 문제는 근로자 본인이 알아서 할 문제라는 것이다. 퇴직금을 사외에 적립하기 때문에 퇴직금이 확실하게 보장이 되고 연금이 개인별로 관리되기 때문에 직장 이동시 연금이동이 편리하고 개인계좌에서 관리되기 때문에 다양한 포트폴리오가 구성될 수 있고 평생직장 개념이 사라지고 한 직장에 근무하는 근속연수가 짧아진 요즘의 직장인에게는 알

맞은 제도이다.

확정급여형: 퇴직연금에 가입한 연수와 퇴직 시 급여로 퇴직급여 수준이 확정되는 연금으로 근로자 입장에서는 회사가 책임지고 운용하기 때문에 선택의 여지가 없는 제도이다. 특징은 퇴직급여 수준이 이미 확정된다는 것이다. 회사가 퇴직급여를 보장하기 때문에 퇴직금운용에 대한 고민 없이 업무에 전념할 수 있고 장기근속자일 경우 급여 수준이 올라가기 때문에 유리하고 최소한으로 받을 수 있는 퇴직금을 예상할 수 있기 때문에 노후대비 재무설계가 비교적 용이하다. 그러나 직장을 옮길 경우 퇴직연금을 이동하기는 어렵다.

종신보험의 연금 선지급

한국은 전세계에서 가장 급격한 고령화가 진행되고 있다. 65세 이상 비율이 2014년 12.7%이고(2014년 한국의사회 지표) 2030년 24.3%, 2040년 32.3%로 추정되고 있다.

적절한 준비 없이 노년기를 맞이하는 건 축복이 아니다. 몸도 마음도 건강한 노후생활을 할 수 있도록 미리미리 준비해야 한다. 장수가 축복이 되려면 의료비 부담을 줄여야 한다. 종신보험의 기능은 상해, 질병으로 인하여 입원, 치료, 수술 등으로 보험금을 수령할 수 있고 사망 시는 수익자가 사망보험금을 받을 수 있도록 되어 있는 상품이다. 다시 말해서 생전 의료비가 보장되고 사망 후에는 유가족의 생활보장에 초점을 맞추었는데 최근에는 본인 생활의 질에 더 신경을 써 생활자금이 필요할 때 사망보험금을 미리 당겨 받을 수 있도록 한 종신보험도 등장했다. 또한 추가 납입과 중도인출도 가능하다.

5장

국민연금

실질가치를 보장하는 국민연금

국민연금은 퇴직연금, 개인연금을 포함하여 3대 연금 중 가장 기본이 되는 연금이다. 국가제도로서 직장을 비롯한 소득이 발생하는 곳이면 전국민이 가입하고 있다. 소득을 기준으로 보험료를 납부하고, 직장에서 가입하는 경우는 본인과 회사가 절반씩 부담하고 자영업인 경우는 본인이 전부 부담한다. 국민연금의 장점은 물가 상승률에 따라 연금도 인상되기 때문에 실질가치가 보장된다는 점이다.

60세가 되어 연금을 탈 나이가 되었는데도 몇 년 연기했다가 연기연금을 타려는 사람도 늘고 있다. 연기연금의 이유는 첫째는 현재 일정 소득이 있으면 연금액의 50%만 수령하고 65세까지 매년 10%씩 상승하기 때문이고 둘째는 연장하면 이자율이 연7.2%나 되어 수익률이 높기 때문이다. 또한 퇴직 후 소득이 없어도 보험료를 계속 내야 유리하고 소득이 없어 몇 년 보험료를 내지 않다가 한꺼번에 더 내면 연금을 더 받게 되는데 퇴직금을 은행에 묵혀 두는 것보다 연금에 목돈을 내기도 한다.

국민연금보험료의 기준은?

국민연금보험료는 가입자의 기준소득에 연금보험료율을 곱한 금액이다. 소득월액 범위는 최저 23만에서 최고 375만 원까지이다. 신고한 소득월액이 23만 원보다 적으면 23만 원으로 하고 375만 원보다 많으면 375만을 기준소득액으로 한다.

국민연금보험료 = 기준소득액 × 9%

국민연금보험료는 소득의 9%로 근로자와 사용주가 절반씩 부담하기 때문에 근로자는 급여에서 4.5%만 공제하면 된다. 자영업자나 임의가입자는 9% 전액 불입해야 한다.

국민연금 가입자는?

1. 직장가입자: 18세 이상 60세 미만의 근로소득자가 직장에서 의무적으로 가입하고 있으며 지역가입자가 직장에 취직하면 자동적으로 직장가입자가 되면서 지역가입자 자격은 상실된다.

2. 지역가입자: 18세 이상 60세 미만의 국민 중에서 직장가입자가 아닌 경우는 지역가입자가 된다. 종업원이 없이 개인사업을 하는 사람들은 지역가입자가 되고 개인적으로 연금을 납부해야 한다.

3. 임의가입자: 근로소득이 없거나 적어서 국민연금 가입의무가 없는 사람 중 본인의 요청에 의해 가입하는 사람들이다. 주로 소득이 없는 전업주부, 군인, 학생 등이 대상이 되며 18세 이상 60세 미만이다. 국민연

금 초기에는 대상자들이 적었으나 최근 장수시대에 따른 노후준비에 대
한 중요성이 대두되면서 젊을 때부터 연금을 준비해야 한다는 인식이
확산되면서 임의가입자가 늘어나는 추세이다.

국민연금 임의가입자 추이

(단위: 명)

구분	2007	2009	2011	2012	2014	2015.6
임의가입자 수	27,242	36,368	171,134	196,406	202,539	224,150
증감		9,126	134,766	25,252	6,133	21,611

(자료: 국민연금공단)

국민연금의 유형

1. 완전연금: 국민연금을 20년 이상 불입하면 60세부터 사망할 때까
지 연금을 받을 수 있으며 65세 이전까지 소득이 없어야 하고 65세까지
소득이 있으면 재직자 연금을 받게 된다. 1952년생까지는 60세부터 연
금을 받을 수 있는데 1953~1956년생까지는 61세부터, 1957~1960년생까
지는 62세부터, 1961~1964년생까지는 63세부터, 1965~1968년생까지는
64세부터, 1969년생 이상이면 65세부터 연금을 받을 수 있다.

2. 재직자연금: 10년 이상 불입을 하고 60세가 되었으나 소득이 있
으면 65세가 될 때까지 일정금액을 감액한 연금을 받게 된다. 60세는
50%, 61세는 60%, 62세는 70%, 65세가 되면 소득이 있더라도 100% 전
액을 받을 수 있다.

3. 조기연금: 국민연금에 10년 이상 가입한 경우 60세 이전에 조기 은

퇴를 하여 생활비가 필요한 경우 55세부터 조기연금을 수령할 수 있다. 55세는 총 연금액의 70%를 수령할 수 있고 56세에는 76%, 57세 82%, 58세 88%, 59세 94%, 60세가 되면 100% 완전 수령할 수 있다. 조기연금은 당장 생활비의 곤란으로 감액을 감수하고 받는 제도이지만 그렇게 권장할만한 것은 아니다. 한 번 감액된 지급율은 변함이 없기 때문에 정상적으로 연금을 받는 경우에 비하면 결과적으로 손실이 크기 때문이다.

국민연금 선호하는 이유?

이제는 100세 시대다. 통계청 자료에 의하면 2015년 11월 1일 기준 100세 이상 인구는 3,159명으로 2010년 100세 이상 인구 1,836명에 비해 72%가 증가했고 2005년 961명에 비해서는 무려 3.3배나 증가했다. 고령으로 올라갈수록 할아버지보다는 할머니를 찾기가 더 쉬워진다. 실제로도 100세 이상 고령 인구의 86.1%가 여성이었는데 희소식이라면 2005년 여자 1,000명당 남자의 수가 12.1명이었다면 2010년에는 16.2명으로 늘어났다.

장수하는 남성도 차츰 늘어나고 있다는 것이다. 오랜 시간 인류가 소망해왔던 장수의 꿈은 현실화되어 가는데 많은 사람이 행복한 생각보다는 지나치게 길어지는 노후 생활에 대해 불안해하고 있는 것은 무엇일까? 퇴직 후 30~40년 동안 어떻게 살아갈 것인가에 대한 걱정일 것이다. 따라서 국민연금에 대한 관심도가 많아졌다.

국민연금에 대한 신뢰도가 높아졌다

국민연금 처음 시행 때는 "당장 먹고 살기 힘든데 노후 준비를 어떻게 하란 것인가?" 했는데 100세 시대가 오면서 은퇴 후 연금을 받지 못하면 어떻게 하나 하는 마음에 최소한의 은퇴자금을 마련해야 한다는 인식이 확산되고 있다.

연기제도를 활용하지 않고 최고 연금액을 받는 사람으로 경기도 안산시의 B(61) 씨의 이야기를 들어 보자. B 씨는 1988년부터 26년간 월평균 24만 원의 보험료를 납부해 2015년 12월부터 매달 154만 원을 받고 있다.

최고령 수급자는 연금을 받던 자녀가 사망하자 대신 유족연금으로 받고 있는 서울의 C(108세) 씨다. 유족연금은 기존 연금수급자 사망 시 배우자, 자녀, 부모 등 법이 정한 순서에 따라 가족이 연금을 대신 받는 제도다. 가입 기간에 따라 기존 연금액의 40~60%를 받을 수 있다. 지난해 기준 100세 이상 수급자는 47명으로 월 평균 23만 원을 받고 있다. 지난해 말 국민연금 전체 가입자는 전년보다 44만 명 늘어난 2,157만 명이었다. 국민연금을 받는 수급자는 전년보다 28만 명 늘어난 403만 명으로 처음으로 400만 명을 돌파했다.

국민연금은 납부한 보험료의 명목가치로 지급하는 것이 아니라 연금을 받는 시점의 현재가치로 환산해서 지급하기 때문에 물가가 오르면 물가가 오르는 만큼 연금액도 인상된다는 것이다. 따라서 인플레이션 등 경기변동에 큰 영향을 안 받고 높은 수익률을 보장한다.

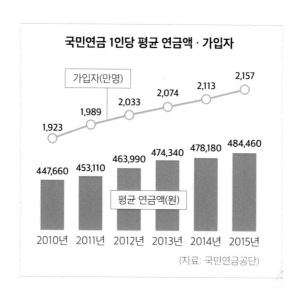

국민연금 1인당 평균 연금액·가입자

가입자(만명)

1,923   1,989   2,033   2,074   2,113   2,157

447,660   453,110   463,990   474,340   478,180   484,460

평균 연금액(원)

2010년 2011년 2012년 2013년 2014년 2015년

(자료. 국민연금공단)

6장

주택연금

주택연금이란?

안정적인 노후를 위한 재테크 수단으로 주택연금에 대한 관심이 꾸준히 늘고 있다. 유산에 대한 사회의 개념이 점차 변하고 있다. 과거에도 아끼고 모은 것을 제대로 써보지도 못하고 자녀에게 물려주는 것을 미덕으로 생각했지만 요즘은 살아있는 동안 가정과 가족을 위해서 최선을 다한 부모들은 평생 모은 재산을 자식에게 넘겨주는 것은 어리석다고 생각하는 부모가 많이 늘고 있다.

이러한 변화 때문인지 최근 주택금융공사의 조사에 따르면 퇴직자 3명 중 1명은 주택연금에 가입할 의향이 있는 것으로 나타났다. 아직까지도 집만큼은 자식에게 물려줘야지 하는 사람들도 있으나 어려운 경제 여건 속에서 자식에게 짐이 되기 싫다는 노인들이 어차피 생활고를 자식들이 해결해주지 못할 바에는 스스로 해결하는 편이 낫다는 게 요즘의 부모세대이다. 그 이유를 한국주택공사가 주택연금이용자 실태조사에서도 찾을 수 있다. 1위는 자녀에게 도움을 받기 싫어서, 2위는 별다른 노후 대책이 없어서, 3위는 여생을 풍족히 보내고 싶어서, 4위는 앞으로 생활비가 많이 들 것 같아서 순으로 나타나고 있다.

주택연금은 소유자가 60세 이상일 경우 주택을 금융기관담보로 맡기고 평생 그 집에 살면서 매달 국가가 보증하는 연금을 받는다. 주택을 담보로 생활비를 빌려 쓴다는 뜻에서 역모기지 대출이라고도 한다. 집을 담보로 하지만 부부가 모두 죽을 때까지 자기 주택에서 연금을 타면서 살 수 있다는 것이 주택연금의 최대 장점이다. 기타 특별한 노후준비가 안 된 사람에게 주택연금은 가장 적합한 상품이라고 할 수 있다. 2016년 1분기 가입자가 2,384명으로 전년도 같은 분기보다 59.4%나 늘었고 주택연금가입 문턱을 낮춘 '내집연금 3종 세트'가 출시돼 신청자가 늘고 있다. 노후자금이 부족하고 집 한 채만 있는 은퇴자들에게 손쉽게 소득을 늘릴 수 있는 획기적인 상품이다.

내집연금 3종 세트란?

① 저가주택 보유자 대상 우대형 주택연금: 집값이 1억5천 이하인 저가주택 1주택 보유자에게 연금을 8~15% 더 주는 혜택이다.
② 40~50대 대상 주택연금사전 예약 보금자리론: 안심전환대출과 비슷한 것으로 일시상환 변동금리 주택담보대출이 있는 40~50대가 60세 이후 주택연금에 가입하는 것을 조건으로 보금자리론으로 갈아타면 대출금리를 0.3% 우대받는다.
③ 60대 대상 주택담보대출 상환용 주택연금

주택연금에 대한 의문사항

1. 주택연금을 받으면 연금소득으로 과세되느냐?

금융위는 주택연금자료를 내면서 주택연금 월 지급금은 연금소득으로 분류되지 않는다. 주택연금은 원래 역모기지론으로 주택 구입 시 주택을 담보로 하는 장기대출 상품인 모기지론과 반대로 살고 있는 주택을 담보로 생활자금을 매월 대출해주는 게 역모기지론이다. 주택연금 역시 본질은 주택 담보 대출이지만 연금처럼 생활비를 쓰는 상품이다.

2. 공적 연금을 받고있어도 주택연금에 가입할 수 있나?

주택연금은 노후에 소득이 부족한 고령층을 위한 대출로 국민연금 등 공적연금수급과는 관계가 없다.

3. 주택연금에 가입하면 집 소유권은?

주택연금에 가입해도 집 소유권은 고객 앞으로 그대로 유지된다. 주택의 사용과 처분은 고객이 자유롭게 결정할 수 있다. 다만 다른 담보과 마찬가지로 주택금융공사가 담보확보를 위해 근저당권은 설정한다.

4. 주택연금에 가입하고 이사하거나 집이 재건축되면?

이사 또는 재건축된 집이 기존주택과 가격이 같으면 그대로 유지되고 더 비싸지거나 싸진 경우는 가격에 따라 변동된다. 다만 9억 원 이상일 때는 더 오르지는 않는다.

5. 부부가 사망할 경우

부부가 모두 사망할 경우는 주택을 처분한 다음 연금 수령액을 제외한 나머지 금액을 상속인에게 돌려준다. 만약 주택가격의 하락으로 연금 수령액이 주택가격을 초과해도 이를 상속인이 배상하지는 않는다.

주택연금 수령방법

주택연금 수령자의 편의를 위해 다양한 방식으로 주택연금제도를 운용하고 있다.

- 종신형: 매월 일정연금액을 종신토록 지급하는 방식으로 물가나 주택 가격에 관계 없이 일정한 금액을 안정적으로 수령 하는 방법이다.
- 종신 혼합형: 의료비라든지 자녀 결혼 등으로 갑자기 목돈이 필요한 경우를 대비하여 수시인도 한도를 설정하고 총 사용한도 50% 이내에서 수시로 현금을 찾을 수 있는 제도이고 그만큼 연금액은 줄어든다.
- 확정기간형: 가입자가 선택한 일정 기간(10년, 20년, 30년) 동안만 연금을 지급 받는 방법이다.

주택연금 예시

노후생활자금이 부족했던 박 씨(67세)는 시가 3억짜리 아파트를 주택담보대출로 7,500만 원에 구입하고, 그동안 이자 19만 원을 불입해 왔는데 최근 내집연금 3종 세트가 출시되면서 대출 상환하고 연금을 탈 수 있는 혜택이 있었다. 그동안 매월 대출이자 19만 원을 불입하느라 무척이나 힘들었는데 주택연금에 가입하면서 대출금을 상환하고도 매월 26

만 원의 연금을 평생 받을 수 있게 되었다.

이와 같이 한국주택공사의 보증으로 자기 집에 거주하면서 부부가 죽을 때까지 연금이 지급되는 제도이며 국민연금, 퇴직연금, 사적연금이 부족한 사람은 주택연금을 고려해볼 만하다. 현재 기준으로 9억 이하의 주택에 적용됨으로 주택규모를 축소하여 일정 부분을 즉시연금에 가입하고 주택연금에 가입하면 바람직할 것이다.

매달 주택연금 얼마나 받을 수 있나?

인출 한도 금액 및 월 지급금 예시(2016년 4월 기준)   (단위: 만 원)

주택가격	1억원	3억원	5억원	7억원	9억원
60세	28	86	143	200	258
65세	33	99	165	231	287
70세	37	113	189	265	340
75세	43	129	215	301	344
80세	48	145	242	339	345

(자료: 한국주택금융공사 제공)

중소기업에서 근무하던 K 씨는 부장으로 근무하다 55세 정년퇴직을 했다. 퇴직연금은 65만 원, 국민연금을 받는 62세까지는 7년이나 남았다. 일산에 6억짜리 아파트가 있다. 특별히 할 일은 없고 당장 생활비가 걱정이다. 방법은 몇 가지가 있다.

첫째, 아파트를 줄여서 남은 돈으로 즉시연금에 가입하면 바로 다음 달부터 연금을 수령하는 방법으로 소득 공백기를 해결하는 방법이 있고 특히 즉시연금은 보험사가 자산을 운용하여 많은 이윤을 추구하고 이자도 확정적으로 지급하기 때문에 안정적이라 할 수 있다.

둘째, 60세부터 주택연금이 가능하기 때문에 아파트를 그때까지 전세, 월세로 돌리고 작은 APT 생활을 하다가 60세가 되면 주택 연금을 가입하면 현재 거주하고 있는 주택에서 계속 거주할 수 있다는 장점이 있다.

쓰는 돈이 내 돈이다

필자는 오래전 직장에서 지점장을 할 때 회사에 많은 돈을 예치한 고액계약자들을 직접 관리를 했던 적이 있었는데 그들 중에 김진석(가명) 사장이라는 분이 있었다. 김 사장은 가난한 집에서 태어나 대학도 못 다니고 젊어서부터 종로, 청계천에서 장사를 시작하면서 돈도 많이 벌고 성공하여 종로 한복판에 큰 빌딩을 보유하고 있는 부자였다.

나는 계약자 관리를 한다고 한 달에 한 번 정도는 점심을 모셨다. 주로 한정식으로 모시고 때로는 인근 호텔레스토랑에서도 모셨다. 김 사장은 점심 접대받는 것이 미안했던지 "오늘은 내가 모시겠다"고 하면서 청계천 시장에서 국밥을 먹었던 적이 있다.

김 사장은 자수성가한 분이라 돈이 많은 부자였지만 지금도 검소하며 엄청나게 아끼는 분이다. 양복 넥타이 맨 모습을 본 적이 없다. 언제나 점퍼 차림이다. 그 후 나는 지점장에서 임원으로 승진되어 지방으로 다니다 다시 서울본부 임원으로 왔을 때 김 사장을 찾았는데 김 사장은 1년 전부터 폐암으로 서울대병원에서 치료를 받고 있었고 상당히 위중한 상태였다. 과일 사들고 문병을 갔을 때 그는 내 손을 꼭 잡으면서 "심 이사, 나는 인생을 잘못 산 것 같아. 이렇게 사는 게 아니었는데" 하면서 회한의 한숨을 쉬셨다.

그 후 얼마가 지나 김 사장은 돌아가셨는데 그때 나이가 71세였다. 나는 또 지방본부장으로 발령이 났고 김 사장 사후에 대한 안 좋은 소식이 들렸는데 김 사장은 아들이 삼 형제가 있었고 상속문제로 인한 아들 간에 소송문제로 복잡하다는 것이다.

고생하면서 아껴가며 저축해서 번듯한 빌딩도 있는데 이렇다 하게 한 번 써보지도 못하고 가면서 그것도 아들이 아버지가 남긴 돈 때문에 싸움이나 하고. 가까이 지냈던 한 사람의 인생을 보면서 너무도 허무한 생각이 들었다. 그렇다. 돈은 버는 것도 중요하지만 어떻게 쓰느냐가 더 중요하다. 내가 직접 쓰든 장학금이나 장애인 재단 등에 기부하든, 사회에 환원하든 어떤 형태라도 내가 쓰는 것이 내 돈이다.

그렇게 애지중지 모아서 아끼고 했다가 정리도 못 하고 그냥 떠나면 나중에 남아있는 아이들 상속재산 가지고 싸움하다 결국 소송까지 가는 예는 주위에서 얼마든지 접하고 있다. 열심히 살면서 알뜰히 저축하여 재산을 모았다. 자식에 물려줄 생각 말고 남은 생을 즐기면서 살아야 한다. 유산이 없으면 자식들이 돈 가지고 싸울 일도 없고 가산을 탕진할 일도 없다.

요즘 "다 쓰고 죽자"라는 말을 가끔 듣는다. 자식들 물려줄 생각 말고 여생을 최대한 즐겨라. 유산이 없으면 자식들이 돈 갖고 다툴 일도 없고 가산을 탕진할 일도 없다. 다 쓰고 죽으라는 말은 결국 후회 없이 살라는 것이다. 돈뿐만이 아니다. 몸도 마음도 해당이 된다. 미래에 은퇴 후 보다 건강한 시간을 보내기 위해 관리를 해야 한다.

4부

일하는 행복

1장

은퇴 후 준비는 빠를수록 좋다

자아발견의 시간을 가져보자

지금까지 가정과 직장과 사회를 위하여 활동하고 봉사하였다면 이제 부터는 나의 행복을 위한 자아발견의 시간을 한번 가져보는 것이 좋다. 그동안 직장생활이 적성에 맞고 좋아서보다는 생계를 위해 어쩔 수 없 이 다닌 사람도 많을 것이다. 따라서 자기의 특성에 맞는 일을 하면서 자기능력을 마음껏 발휘하면서 나의 꿈을 이루어봐야겠다는 생각을 한 번 쯤은 가져보았을 것이다.

내가 정말 좋아하는 것은 무엇이고 나의 적성은 무엇인가? 나의 특성 은 무엇인가? 내가 잘할 수 있는 것은 무엇인가? 그리고 내가 하고 싶었 던 일이 너무나도 많았을 것이다. 바쁜 직장생활 속에서 시간이 없어 미 루어 놓았던 일들 그토록 하고 싶었던 운동도 있었을 것이고 만나보고 싶었던 사람도 많았을 것이고 그토록 가보고 싶었던 곳도 많았을 것이 다. 그리고 책도 많이 받아놓았는데 미처 보지 못 하고 그냥 서재에 꽂 아둔 것도 많을 것이고 책도 하나 써보고 싶고 그동안 오로지 앞만 보고 치열한 경쟁 속에서 살아왔기 때문에 자아발견을 할 시간적인 여유가 없었다. 자아발견은 은퇴 후 초기에 인생 후반전을 위해 반드시 거쳐야 할 과제이기도 하다.

갑작스러운 은퇴로 경제적인 노후준비가 되지 않아 일자리를 찾고 있는 노인들이 많은 것이 현실이다. 나이 들어서는 하고 싶었던 일을 해보고 좋아하는 취미 생활도 마음껏 누려보아야 한다. 인생과 자연 우주를 생각하면서 남은 여생을 즐겨야 한다. 지혜로운 노년, 즐거운 노년, 평생교육, 창의적인 노년, 베푸는 노년, 참여하는 노년이 되어야 한다. 요즈음은 70세 넘어도 노인이란 말을 듣기 싫어한다. 어르신이나 시니어, 실버란 말로 대체한다.

하루 일과표를 만들어 보자

지금까지는 직장에서 내 자유가 아닌 조직생활을 하느라 시키는 일에 얽매인 인생이었지만 이제부터는 노후의 설계를 내가 짜야 한다. 특히 하루 생활의 스케줄을 짜볼 필요가 있다. 은퇴자 중에서는 지금까지도 바쁘게 살아왔음에도 뭔가를 또 성취해보겠다고 욕심을 부리는 사람도 있는데 얼마 못 가 실천도 못 하고 마음만 공허해질 수가 있다. 여유를 갖고 내가 좋아하는 일, 취미를 생각하고 오래도록 실천할 수 있는 구체적인 계획을 세워야 한다. 특히 일과표를 짤 때 배우자와 보내는 시간을 많이 넣어야 한다. 은퇴 이후는 시간적으로나 경제적으로도 부담이 줄어들기 때문에 배우자와 같이 시간 보내기가 아주 좋다. 내 옆에 가장 가까이 있는 배우자는 가장 좋은 친구가 될수있는 것이다. 등산, 여행,

영화, 배드민턴, 자전거 등 얼마든지 같은 취미생활을 할 수 있고 하고 또 여유가 있다면 각종 문화활동, 어학 등 공부도 같이 할 수도 있다.

멋진 은퇴휴가를 가자

우선 아내와 같이 추억에 남을 멋진 여행을 떠나보는 것도 좋다. 건강이 허락한다면 남미, 아프리카 등 비교적 가보기 쉽지 않은 곳도 좋은 경험이다. 이러한 지역은 나이가 들수록 어렵고 유럽, 구미지역, 동남아 등 가보고 싶었던 곳이 너무나도 많을 것이다. 요즘은 우리나라도 지방자치단체가 잘 운용이 되면서 단체장들이 관광객유치에 치열한 경쟁을 하기 때문에 도로가 좋아지고 지방 명소 등 관광지, 유적지를 잘 관리를 하여 관광을 하면서 역사도 공부하고 볼거리가 많아졌다. 또한 지역마다 둘레길을 만들어 놓아서 조깅 등 운동하기가 아주 좋아졌고 다양한 먹거리 촌도 있어 그 지역의 특산물 등 유명한 음식도 맛보면서 국내여행하기도 너무도 좋아졌다.

TV 보는 시간을 줄여야 한다

통계청은 2014년 10월 2일, 노인의 날을 앞두고 고령자 통계를 발표했는데 65세 이상 고령자 하루 24시간 가운데 TV 시청시간이 하루 3시간 48분이라고 했다. 총 여가 시간인 7시간 16분 가운데 절반에 달했다. 전 연령대의 평균 TV 시청시간은 1시간 56분보다 배 가까이 된다. 노후에 수입이 줄고 소일거리가 없다 보니 돈이 들지 않고 간편하게 즐길 수 있는 TV 시청으로 여가를 보내는 현상이 뚜렷해지고 있다. 은퇴자의 하루 일과는 TV 시청을 포함하여 집에서 보내는 시간, 동호회 등 친목활동으로 나눌 수 있는데 이렇게 목적 없는 노후 생활은 무의미하고 지루하게 느껴진다

베이비부머 세대의 여가활동

(출처: 2011년 한국노년학회, 한국레저학회 추계공동심포지움)

순위	유형	하루 비중
1	TV 시청	16.2%
2	낮잠	6.5%
3	등산	6.0%
4	친구, 동호회 모임	5.5%

하루 일과표가 꽉 채워져 있어도 뭔가 허전한 느낌이 든다는 것은 뭘까? 의미 있는 일을 하고자 하는 마음이 있기 때문이다. 많은 사교모임은 즐거움을 주고 인맥형성에는 도움이 되지만 뚜렷한 목적이 없기 때문에 자기계발의 의미가 없다고 보기 때문에 삶이 더 공허해질 수 있다.

통계청 자료에 의하면 미국의 은퇴자들은 하루 평균 52분을 사회참여 봉사활동에 투자하는 반면 우리나라 은퇴자들은 단 3분에 불과하다는 것이다. 그렇다고 현역시절보다 더 바쁘게 보내는 것도 반드시 좋은 것만은 아니다.

현재 나의 건강은?

은퇴 후 점검할 일과 계획을 세워야 할 것이 너무나도 많을 것이다.

노후준비는 잘되어있는가? 이제부터 무엇을 할 것인가? 현재 나의 건강 상태는 어떠한가? 언제까지 살 수 있을까? 그동안 지병이 있었거나 건강에 이상이 있다고 한다면 바쁜 직장생활 때문에 장기간 요양, 치료를 못했기 때문에 가장 먼저 해야 할 일은 건강한 몸을 만드는데 모든 역량을 다해야 할 것이다.

지금 건강한 사람이라면 기대수명을 '나도 100세 이상을 살 수 있다'는 생각하고 준비해야 한다. 100세를 살 수 있다고 생각하는 노후준비와 80세를 살 수 있다고 생각하고 시작하는 준비는 천양지차일 것이다. 인간의 모든 불행은 자기에게 일어날 일을 모르는 데서 비롯된다. 준비가 없으니 주어진 대로 살 수밖에 없다. 철저한 건강관리를 하면서 지금부터 노후의 그림을 그려보아야 한다.

퇴직 후 특별한 일이 없으면 당분간 운동부터 시작하라. 몇 달이건 1년이건 체력에 자신이 있을 때까지 몸을 단련하는 것이다. 건강에 자신이 있으면 무슨 일이든 할 수 있는 자신감이 생기는 것이다. 운동이 습관화되면 시간을 내서 일을 찾아보는 것이다.

노후준비생이 되자

자신의 노년은 그 어느 누구도 대신해 주지 않는다. 자신의 것을 스스로 개발하고 스스로 챙겨라. 당신이 진정으로 후회없는 노년을 보내려거든 반드시 한 두 가지의 취미생활을 가져라. 산이 좋으면 산에 올라 지난날의 추억을 더듬으며 낙엽을 밟으면서 건강을 다지고 물이 좋으면 강이나 바다를 다니면서 낚시도 즐기고 수영도 즐겨라. 책을 좋아하면 열심히 책을 읽고 글을 써라. 좋아하는 취미 때문에 식사 한 끼 정도는 걸러도 좋을 만큼 집중력을 가지고 즐겨라.

그 길이 당신의 노년을 의미 있게 보낼 수 있는 중요한 비결이다. 자식들에게 너무 기대하지 마라. 부모를 만족시키는 자식은 그리 많지 않다. 기대가 큰 자식일수록 부모의 마음을 아프게 한다. 자식에게서 받은 상처나 배신감은 쉽게 치유가 되지 않는다. 자식은 그들이 살아가는 삶의 방식이 따로 있다. 도를 넘지 않는 적당한 관심과 적당한 기대가 당신의 노년을 평안의 길로 행복의 길로 인도할 것이다.

노후준비가 잘 되어 있는 사람이건 그렇지 않은 사람이건 누구도 60대에는 노후가 온다. 시험을 잘 보기 위하여 예상시험문제를 미리 풀어본 우등생처럼 노후 준비생은 별 걱정없이 헤쳐 나갈 수 있고 흔들리지 않고 당당하게 살 수 있다. 갑자기 퇴직하고 몇 푼 안 되는 퇴직금으로 식당이나 카페 등 자영업을 하다가 말아먹은 사람이 한두 명이 아니다. 정보도 없이 주식에 투자하고 부동산을 구입하여 이러지도 저러지도 못하는 사람도 많다. 은퇴 후에 노후 계획표를 짜는 것은 너무 늦다. 직장생활 동안 반드시 노후의 그림을 그려보는 노후준비생이 되어야 한다.

2장

평생 현역으로 살자

호서대 창립자 고 강석규 총장

고 강석규 총장(1913~2015)은 95세에 남긴 수기에서 다음과 같은 말을 남겼다.

"나는 젊었을 때 열심히 일했습니다. 그 결과 나는 실력을 인정받았고 존경을 받았습니다. 그 덕에 65세 때 당당한 은퇴를 할 수 있었죠. 그런 내가 30년 후인 95세 생일 때 얼마나 후회의 눈물을 흘렸는지 모릅니다. 내 65년 생애는 자랑스럽고 떳떳했지만 이후 30년의 삶은 부끄럽고 후회되고 비통한 삶이었습니다. 나는 퇴직 후 '남은 인생은 그냥 덤이다'라는 생각으로 그저 고통 없이 죽기만을 기다렸습니다. 덧없고 희망이 없는 삶, 그런 삶을 무려 30년이나 살았습니다. 나는 지금 95살이지만 정신이 또렷합니다. 앞으로 10년, 20년을 더 살지 모릅니다. 이제 나는 하고 싶었던 어학 공부를 시작하려 합니다. 그 이유는 단 한 가지… 10년 후 맞이하게 될 105번째 생일에 95살 때 왜 아무것도 시작하지 않았는지 후회하지 않기 위해서입니다."

95세 이후에도 공부를 다시 시작하며 후회스러운 삶을 살지 않겠다는 다짐의 글이다. 강석규 박사는 103세에 작고하신 분이다. 그의 삶은 포기하지 않는 도전의 삶이었다.

그는 1813년 충남 논산에서 빈농의 가정에서 태어나 논산보통학교를 나와 농사일을 하다가 24세에 독학으로 초등교사 자격증을 취득하여 성연보통학교, 강경여중, 대전공립공업학교, 경동중학교 등에서 교편 생활하다가 34세에 서울대 전기공학과에 입학했고 졸업 후 충남대, 명지대 교수로 재직하다가 1970년에 서울대성중학교, 이후 호서대 전신인 천원 공업전문대, 호서전산학교, 서울벤처정보대학원을 설립하고 호서대 총장과 서울벤처정보대학원대 총장을 지냈고 국민훈장 모란장, 청조근정 훈장을 받았다.

인생의 가치 있는 삶을 위해 나는 지금 무엇을 하고 있는가를 느끼게 하는 분이다.

105세 현역의사 히노하라 박사

히노하라 시게아키 박사는 1911년생으로, 금년 105세다. 그는 아직도 의사로 활동하고 있다. 일본은 100세를 넘긴 사람이 5만 명이 넘는데 그중에서 아마도 가장 유명한 사람은 히노하라 박사일 것이다. 일본 전역을 돌며 1년에 130여 차례 강연도 다닌다. 진료를 하면서도 꾸준히 책을 출간하여 건강 서적이 250여 권이나 되고 일본 최고의 장수의학 전문가로 꼽힌다. 히노하라 박사의 건강법은 독특하면서도 과학적이다. 식사때마다 올리브오일을 주스에 넣어 마시고 대두가루도 식사 때마다 커피에 타마신다. 올리브오일은 동맥경화를 예방하여 혈관에 좋고 대두가

루는 기억력을 촉진하고 기억력 증진하고 치매예방에 좋다. 수면은 엎드려 자면 폐 기능이 좋아진다고 하여 오래전부터 엎드려 자는 것이 그의 습관이다.

에스컬레이터를 이용하지 않고 계단을 이용하고 매일 일기를 쓰고 하루 3시간씩 독서한다. 나이에 따라 시간의 느낌이 다르다고 하는데, 이는 20세의 1년은 지나온 삶의 5%이지만 50세의 1년은 2%가 된다는 것이다. 삶을 좀 알만한 나이가 되면 세월을 천천히 가게 하고 싶은데 방법은 기다림을 많이 만드는 것이다. 어린 시절 내 생일이 기다려지고, 소풍날이 기다려지고, 군대 시절 제대 날이 기다려졌던 것과 같은 이치다.

히노하라 박사의 수첩에는 각종 스케줄이 3년 후까지 잡혀있다. 지금도 음악과 문학 등 새로운 배움에 몰두한다. 생명은 우리 몸에 있는 것이 아니라 우리에게 주어진 시간에 있다는 것이 히노하라 박사가 전하는 말이다.

지금도 강의하는 김형석 명예교수

김형석 교수는 1920년생으로, 금년 96세로 한국철학계의 대부로 현재도 계속 강의하면서 방송에도 출연하고 있다. 고령에도 불구하고 보청기, 틀니, 지팡이 없이 생활하고 있고 건강비결은 '일을 좋아하는 것이다'라고 한다. '인생은 늙어가는 것이 아니라 익어가는 것'이라고 하면서 그의 유명한 수필집 『영혼과 사랑의 대화』는 베스트셀러가 되었고 최근에도 수필집 『백 년을 살아보니』를 펴냈다. 지금도 방송과 강연, 집필 등 왕성한 활동을 하고 있는 영원한 현역이다. 50대까지는 그저 일만 하느라 운동도 특별하게 한 것도 없이 건강에 신경을 못 썼는데 50대 후반 들어서 운동이나 하나 해야겠다 생각하고 찾아보았다.

처음 하고 싶었던 것이 테니스였는데 테니스는 짝이 있어야 하는 운동이고 다음은 남들이 많이 하고 있는 골프도 생각해 보았는데 골프는 시간과 돈이 있어야 하고 혼자 자유롭게 할 수 있는 운동이 없었다. 맨 나중에 정한 운동이 수영이었는데 지금까지 30년이 넘게 매일 수영을 하고 있다.

운동은 목적이 되어서는 안 되고 건강을 위해서 하고 있으며 결국 일을 잘하기 위해서 체력을 단련하는 것이다. 지금은 주 2회 정도 강의를 다니고 있고 책도 집필하고 있다. 김 교수는 학자들이 비교적 장수하는 것은 자기가 좋아하는 공부를 하고 있고 돈이나 명예에 욕심없이 항상 즐겁고 기쁘니까 스트레스를 덜 받아 장수하는 것 같다고 한다. 김 교수는 '정신적으로 상류층에 살고 경제적으로는 중산층에 사는 것'이 행복이라고 했다.

김형석 교수가 모 교수들과 얘기하는 도중에 어느 교수가 계란에 노른자가 있어서 병아리가 나오는데 우리 인생에서 노른자는 언제였느냐고 물으니, 65세에서 75세까지가 우리 인생에서 가장 아름답고 좋은 시절이었다고 의견일치를 보았다고 한다. 인간적으로나 학문적으로나 가장 성숙한 시기에 진정한 행복이 무엇인지도 알게 되었다고 한다.

영국 데일리메일(Daily Mail)지가 2만여 명의 남녀를 대상으로 '인생에서 가장 행복했던 시기는 언제였는가?' 라는 주제를 장기간에 걸쳐 연구한 결과를 발표했는데 사람들은 자신의 인생에서 가장 행복한 나이를 몇 살로 꼽았을까. 가장 혈기왕성하고 꿈 많은 10대일까? 젊음이 넘치는

20대일까?

놀랍게도 연구결과 가장 행복한 나이는 74세였다. 74세가 행복한 이유는 그때가 '자신을 위해 온전히 집중할 수 있는 시간이 가장 많은 시기이자 사회적 의무감이 적은 시기'이기 때문이다.

100세에 가까운 철학자 김형석 교수의 '다시 산다면 젊은 날이 아닌 60대로 돌아가고 싶다'는 말과도 같다.

그러나 더불어 사는 세상인 우리 사회는 노인들뿐만 아니라 구세대들이 젊은이로부터 존중받지 못하고 있다. 그것은 어른으로서 모범을 보이지 못하고 독선과 아집을 권위로만 고집하기 때문이다. 사람마다 다름을 인정하고 각자의 개성을 존중해야 한다. 세월이 흐르면 자신과 내 소유를 위해 살았던 것은 다 없어지고 남을 위해 살았던 것만이 보람으로 남는다고 한다. 조금이라도 능력 있을 때 비록 작은 것이라도 먼저 베풀고 실천해야 한다.

살아보니, 지나고 보니 인생의 가장 절정기는 '생각이 얕았고 행복이 무엇인지 모르고 철없던 젊은 시기가 아니라 인생의 매운맛, 쓴맛 다 보고 무엇이 참으로 좋고 소중한지를 진정 음미할 수 있는 시기인 60대 중반~70대 중반이 우리 인생의 절정기다.

3장

30년 몰두할 일을 찾아라

제2의 인생은?

나는 지금도 많은 사람과 인간관계를 하고 있지만 고등학교 친구들, 직장 동료들과 가장 많이 만나고 있는 편이다. 고등학교 친구 중에서 K라는 친구가 있는데 대기업에서 CEO 생활을 오래 하고 2년 전 현직에서 물러나 매우 바쁜 일정을 보내고 있다. 아침에 헬스장에서 운동하고 등산, 색소폰, 자전거 등 동호회도 열심히 다니고 최고경영자 과정, AMP 부부 동반모임도 다니고 동기 모임도 열심히 다니고, 친구들과 골프도 친다.

내가 "너 참 바쁘기도 하지만 멋지게 살고 있네"라고 했더니 그 친구 대답은 의외였다. "이렇게 사는 것이 맞는 건지 잘 모르겠다. 뭔가 공허한 느낌도 드는 것 같다"고 대답하는 그 친구의 표정에서 많은 것을 느낄 수가 있었다. 현직에서 자유를 누리지 못하고 빡빡한 생활이 습관이 되어 잠시도 한가해서는 안 된다는 강박관념 때문에 은퇴 후에도 빡빡한 하루의 일정을 짜보았지만 바쁘기만 했지 만나서 즐기고 웃고 떠드는 소비 지향적인 생활은 은퇴생활이 더 이상 발전적이라 할 수 없다고 생각했을 것이다. 노후는 내가 좋아하면서 의미를 찾을 수 있는 일이 있어야 한다.

은퇴 이후는 직장생활을 할 때의 시간 통제가 없어진 막막한 자유라 할 수 있다. 그러나 이제부터 시작이다. 또 다른 제2의 인생을 사는데 제1 인생보다는 더 멋지고 보람 있고 즐겁게 살기 위해선 시간 계획을 잘 짜야 한다.

은퇴 전보다 은퇴 후에 더 보람있고 행복한 삶을 꿈꾸고 있는 사람도 많다. 미국 제39대 대통령 지미 카터는 대통령직에서 물러날 때만 해도 지지도는 역대 최하위수준이었다. 연속된 경제실패, 이란의 인질구출 등으로 대통령선거에서 레이건에게 패하여 연임에 실패했다. 그러나 은퇴 후 카터 센터 설립하고 미국 역사상 가장 빛나는 전직 대통령 중 한 명으로 존경받고 있다. 세계 여러 곳을 다니며 중대한 분쟁을 해결하고 사랑의 집짓기 운동인 해비타트 사업을 훌륭하게 하여 노벨평화상까지 수상하기도 했다.

지금부터 시작이다

학교 다닐 때 좋은 학교, 좋은 대학 가려고 밤잠 못 자며 피나는 고생을 해가며 공부했던 경험이 있다. 떨어지면 재수, 삼수도 해서 학교에 들어갔다. 노후준비도 마찬가지다. 행복한 노후의 삶을 위하여 열심히 준비해야 한다. 열심히 준비하지 않으면 2류, 3류대학을 가는 것처럼 노후도 2류, 3류 생활을 할 수밖에 없다. 고통 속에서 노후를 보낼 수밖에 없다.

설사 특별한 준비를 못 했다가 은퇴를 맞이했으면 학창시절로 다시 돌아가 다시 공부하여 학교 들어간다고 생각하자. 늦었다고 생각할 때가 가장 빠른 것이다. 시간적인 여유도 있으니까 자격증 공부도 하고 다시 공부하여 재취업의 길은 얼마든지 있다. 체면 따지지 말고 새로운 일을 시작할 수도 있다. 그동안 가족들 부양하느라 바빠서 미처 행동으로 옮기지 못했던 일들을 이제는 눈치 보지 말고 시작해 보는 거다. 어렵고 거창한 것을 떠올릴 것도 없다. 지금부터 해야 할 일은 내가 평소 하고 싶었던 일 내 적성에 맞는 일을 찾아야 한다. 스티브 잡스는 '오늘이 내 인생의 마지막 날이라도, 지금 내가 하는 일을 계속해서 하기를 바라는가?' 만약에 아니라면 모든 것을 버리고 새롭게 시작하라 용광로처럼 활활 타오르는 열정으로 자신이 하고 싶었던 일을 하면서 사는 것 그것이 행복의 비결이라고 했다.

은퇴 후 1만 시간의 투자

어느 한 분야에서 1만 시간을 투자하면 전문가가 될 수 있다고 한다. 은퇴 후 30년, 40년을 생각하면 1만 시간을 투자한다고 하는 것은 얼마든지 그 값어치가 있다고 본다. 하고 싶었던 일을 지금서부터 전문가가 된다고 생각하고 시간 투자를 하는 것이다. 조금은 힘들더라도 행복한 노후를 위해 지금서부터 행동으로 옮기는 것이다. 많은 수입에 연연하지 말고 평생 할 수 있는 일을 찾아야 한다. 아직은 젊다. 우리는 은퇴를 하면 이제부터는 자유롭고 편안한 노후 생활을 연상하는데 은퇴는

Retire, 다시 말해서 타이어(Tire)를 다시(Re) 갈아 끼우고 힘차게 살아가는 것이다.

고정 관념을 깨라

정부사회단체에서 은퇴 후 아직도 건강하고 활동 여력이 남아있는 노인들을 위하여 각종 일자리 찾기 행사를 많이 하고 있지만 취업하는 노인들은 극소수에 불과하고 노인들의 일자리 상황은 여전히 좋지 않다. 한국노동연구원에 따르면 65세 노동자의 76.1%가 한시적 비정규직이며 61.1%는 법정 최저임금도 받지 못하는 것으로 나타났다. 전문가들은 정부와 기업이 생산가능인구(현재 15~65세)의 개념부터 고칠 필요가 있다고 한다.

노인들도 경제에 기여할 수 있다는 사회적 인식을 확산시켜야 한다. 미국은 고령자 취업 프로그램을 통해 노인 취업을 제도화하고 있다. 정부의 주선으로 직업훈련을 거친 고령자들의 주당 평균 20시간에 시간당 7.25달러의 연방 최저임금을 받는다. 도서관서비스, 법률상담, 주택 개조, 환자 돌보미 등으로 취업한다. 영국 맥도날드는 1,200개 점포에서 일하는 85,000명의 근로자 중 1,000명을 60세 이상 노인으로 채웠다. 패스트푸드점은 젊은이들이 일하는 곳이라는 고정관념을 깬 것이다. 일본 고령자생활협동조합의 경우 집 청소와 정원 관리 등을 대행하는데 최근엔 일부지자체에서 공공시설 관리를 위탁받아 노인들에게 맡기고 있다. 이제는 노인들도 돈보다 사회경제적 활동을 계속해야 하고 노인 맞춤형 일자리들이 늘어야 한다.

1970년대에는 50세만 넘어도 노인 취급 받았지만 요즘은 어떤가? 결혼연령이 늦어지다 보니 늦게 첫아이도 낳는 사람도 있고 살다가 늦둥이를 낳는 경우도 있다. 이렇다 보니 노인의 기준연령도 당연히 높아지고 있다. 요즘의 우리나라 복지법에서 노인의 기준은 65세이고 경로연금, 경로우대 등의 혜택이 주어지고 최소한 65세는 되어야 노인 대접을 기대할 수 있다. 그러나 재미있는 것은 65세가 된 노인들의 반응이다. 자신들이 노인으로 인정할 수 없다는 분위기다. 사회적 활동을 계속하고 있는 65세인 어떤 사람들은 지하철 무임승차 혜택을 받으려 하지도 않는다.

돈 몇 푼 때문에 노인 소리 듣기 싫다는 이야기다. 흰머리가 싫어 대부분 염색을 많이 하고 보톡스 성형수술까지 하면서 젊음의 인상을 유지하고 싶은 것이다. 과거에는 한 살이라도 더 먹는 것을 자랑이고 계급처럼 여겼던 때도 있었으나 지금은 일하고 젊게 보이는 것을 자랑스럽고 큰소리치는 사람들이 많다. 시대가 그처럼 바뀐 것이다. 요즘은 60대, 70대 심지어는 80대 노인 중에서도 건강한 사람들은 일자리만 있으면 언제라도 일을 하겠다는 사람들이 많다. 이것은 경제적인 이유만은 아니다. 건강이 허락하는 한 일을 갖고 싶다는 이야기다.

젊은 직장인들에게도 언젠가는 은퇴의 시기는 온다. 닥쳐서 서두르지 말고 미리미리 은퇴 후 또 하나의 직업을 위해 착실하게 준비해야 한다. 우등생은 시험 보기 전 미리 예습하고 철저히 준비한다. 노후의 우등생도 마찬가지다. 미리 노후를 어떻게 보내야 할지를 상상하면서 미리 준비하는 자는 흔들리지 않고 노후를 기다리는 삶, 행복한 노후를 맞이할 수 있다.

나이가 드는 것은 억울하고 아쉬운 시대가 아니다. 의지와 노력만 있다면 70대, 80대에도 현역으로 버틸 수 있다. 본인이 철저히 준비한다면 90세, 100세도 일할 수 있다. 나이가 들면 사람들은 은퇴부터 생각하는데 은퇴 후 하는 일 없이 하루하루를 버티면 행복할까? 사람은 모름지기 다른 사람들과 어울릴 때 삶의 활력을 느낄 수가 있다. 나이가 들수록 현역으로 버틸 생각을 해야 한다.

아무리 돈이 많고 좋은 집에 살아도 일이 없으면 삶의 의미가 공허해진다. 빈집에 혼자 우두커니 앉아서 텔레비전 채널이나 종일 돌린다고 생각해보자. 너무도 허무할 것이다. 사람들과 어울리면서 즐기고 때로는 화도 내고 슬프기도 하고 그래야만 사람 살맛 나는 것이다. 일하다 보면 지루하기도 하고 때로는 시간 가는 줄도 모르면서 일에 몰입할 수도 있고 활력이 넘쳐 오히려 더 건강할 수도 있다.

현재의 직장은 불안하다

요즘의 직장인들은 자신의 직장생활에 불안감을 느끼고 있다. 취업포털 사이트 잡코리아가 2016년 5월 성인직장인 1,405명(남성 722명, 여성 633명)을 대상으로 설문 조사한 바에 따르면 남성은 51.7세까지 여성은 49.9세까지 회사를 나갈 것으로 예상했다. 이는 대부분 직장인이 현재의 고용상태에 불안감을 느끼고 있다는 것이다. 최근 부실기업들이 구조조정이 되면서 불안감이 더욱 커진 이유도 있겠다. 따라서 많은 직장인이 취업자들이 정년이 보장되는 공무원으로 직업을 바꾸거나 취업을 희망하는 것으로 나타났다.

인생은 짧다고 하지만 실제 인생은 결코 짧은 것이 아니다. 한 세기를 살아간다는 것은 과거에는 상상도 못 했던 일이다. 100세까지 산다고 가정하면 60세 은퇴 후, 40년을 더 살아야 하기 때문에 새로운 직장을 찾아야 하는 시대가 왔다. 60대 이후는 지금까지 직장생활과 비교하면 여유 있는 시간이다. 육아의 부담도 없고 번잡한 인간 관계도 없는 자기 자신만을 위한 시간이다. 직장생활을 하면서 언젠가는 퇴직을 해야 한다. 평소 틈나는 대로 시간을 내서 자기가 좋아하는 일, 잘하는 일, 하고 싶었던 일을 골라서 꾸준히 자기계발을 해야 한다.

직장생활을 하면서 저축한 돈이 은퇴 후 종신까지 먹고 사는데 부족하다면 건강이 허락하는 한 영원히 현역으로 일할 수 있으면 그것이 최선이겠지만 현실은 그렇지않다. 과거를 빨리 잊고 30년 동안 몰입할 일을 찾아야 하고 과거의 직책이나 급여를 생각하지 말고 봉사한다고 생각하고 내가 할 일이 있다고 생각하면 즐겁고 행복한 것이다. 나이가 들면서 지나온 세월에 대해서는 복귀가 가능하다. "그때 그랬더라면 얼마나 좋았을까?" 아쉽다고 생각 말고 지금이라도 그 생각을 주저 없이 행동으로 옮기면 된다.

일본의 사업가 마쓰히로는 "노후에 무슨 일을 해야 할까?"의 좋은 사례다. 마스히로는 사업에 실패한 후 폐인 생활을 했다. 그렇게 1년을 보낸 그는 이렇게 살면 안 되겠다는 결심을 하고 집안청소를 했다. 청소만 세 시간했다. 주변 환경이 깨끗해지자 그는 다시 열심히 살아야겠다는 생각이 들었고 청소를 직업으로 생각하고 청소에 관한 책을 쓰면서 성공된 인생을 살았는데 책 제목은 '청소력'이었고 이 책이 베스트셀러가 되어 그의 삶은 기적으로 다가왔다. 무엇이든 좋다. 취미든, 특기든, 호기심이든, 퇴직 후 노후를 끌고 나갈 무엇인가를 찾아야 한다.

100세 시대에 100세까지 살려면 그때까지 쉬지 말고 몸을 움직여야 한다. 반드시 수입이 아니어도 좋다. 중요한 것은 죽기 전까지 일이 있어야 한다는 것이다.

풍요로운 노후를 맞이하기 위해서는 안정적인 수입이 있어야 하고 그동안 알뜰하게 저축하며 살아왔다고 하더라도 노후자금으로는 턱없이 부족한 경우가 대부분이다. 따라서 은퇴를 하더라도 재취업의 준비를 해야 하고 재취업이 결국 재테크이다.

나의 가치를 재평가하자

은퇴 후 재취업을 하기 위해 먼저 해야 할 일은 내가 할 수 있는 일을 찾고, 무엇보다 본인의 가치를 잘 파악하는 일이다. 대기업의 임원 출신이 은퇴 후 재취업을 한다고 가정했을 때 중요한 것은 전 회사에 대한 미련을 버려야 한다는 것이다. 그동안의 연봉, 직급, 대우 등 같은 것은 아예 잃어버리고 그냥 50~60대의 은퇴자로서 할 수 있는 일을 찾아야 한다. 미련을 버리지 못한다면 재취업은 거의 어렵다고 보아야 한다.

남자들은 군대생활을 경험한다. 군에 입대하면 과거에 학교를 어디 다녔던 무슨 일을 했던지 어떻게 살아왔는지는 따질 필요가 없고 오로지 국방의 의무로 철저한 군 생활을 할 따름이다. 은퇴 후의 삶도 마찬가지다. 과거의 나를 버리고 새로운 출발을 해야 한다.

톨스토이 명언 중에서도 이런 말이 있다. "당신에게 가장 중요한 때는 현재이며, 당신에게 가장 중요한 일은 지금 하고 있는 일이며, 당신에게 가장 중요한 사람은 지금 만나고 있는 사람이다." 이처럼 과거는 지나간

일에 불과하다. 은퇴 후 지금 이 순간 내가 할 일을 찾아야 한다.

공직의 간부로 근무하던 후배 K(63세) 씨는 개인택시를 시작한 지 5년이 되었다. 아침부터 늦은 시간까지 손님 때문에 힘도 들지만 다른 사람의 눈치도 안 보고 만족하며 즐거운 인생을 보내고 있다. 처음 시작할 때는 아내도 공직생활 오래 하고, 간부였는데 하필 택시 운전하냐며 좀 창피하다고 했지만 지금은 시간 내서 외출도 하고 외식도 하고 아내도 대단히 만족하고 있다.

필자도 직장생활을 오래 하면서 여러 선후배와 근무하면서 많은 사람과 인연을 같이 했는데 프랜차이즈를 운영하거나 제과점, 식당을 운영하여 그런대로 만족하며 살고 있는 사람들을 가끔 보노라면 내 자신도 흐뭇한 생각이 든다. 행복한 노후를 보내고 있는 데에는 생각한 것을 행동으로 바로 실천하는 자신의 실천 때문이다. 체면은 절대 행복을 보장해주지 않는다. 은퇴하면 바로 버려야 하는 것이 '체면'이다.

자신의 잔존가치를 높여라

공장이나 기계 설비 등 고정자산은 일정 기간이 지나면 사용할 수가 없다. 그러나 사용할 수 없다고 하여 아주 없어지는 것은 아니다. 남아 있는 자산적 가치가 있는 것이다. 은퇴 후에도 남아있는 경제적 가치를 높여 언제든지 일할 수 있다. 일을 선택할 때는 과거는 월급이나 직책이 중요했지만 은퇴 후는 오래도록 즐기면서 할 수 있는 좋은 일자리를 찾아야 한다. 나는 누구이고 나의 재능과 특기는 무엇이며 나는 어떤 취미를 갖고 있고 내가 좋아하는 일은 어떤 것인가?

꾸준히 자신을 개발하여 남아있는 잔존가치를 상승시킬 수 있도록 노력해야 한다. 오늘날의 최고의 생존 법칙은 개인의 브랜드를 수립하는 것이다. 기업의 상품만이 브랜드를 갖는 것이 아니다. 개성적이고 독특한 브랜드는 강력한 무기가 되는 것이다. 나를 나타낼 수 있는 가치 있고 독특한 브랜드는 그 어떤 능력보다도 중요한 것이다.

멋진 광고처럼 사람들의 뇌리에 각인이 될 때 좋은 이미지로 남는 것이다. 필자는 어렸을 때부터 달리기를 무척이나 좋아했다. 운동회 때 달리기대회는 언제나 1등을 하여 상을 많이 받았고 군대 시절은 모든 훈련 때마다 선착순에서 항상 1등이었고 이러한 달리기의 재능은 회사에 입사해서도 유감없이 발휘할 수 있었다.

매년 가을이면 체육대회가 있었는데 입사 때부터 지점장을 할 때까지 항상 마라톤에서 1등을 하여 다른 사람들의 부러움을 샀고, 필자의 이미지 역시 마라톤으로 각인이 될 정도였다. 따라서 마라톤은 나의 브랜드로서 좋은 이미지를 구축하는 데 많은 도움이 되었다. 사람은 자기만의 독특한 브랜드를 가질 필요가 있다. 그것은 많은 이미지 부각이 되어 시너지효과를 가져오는 경우가 많기 때문이다.

은퇴 후에도 경제활동을 할 수 있는 준비를 해야 한다. 은퇴 후 살아가려고 했던 자산은 의외로 빨리 소모되어 80세 이전에 모두 써버린다는 연구결과가 나왔다. 이렇게 당혹스런 노후를 맞이하지 않으려면 경제 수명이 느려질 수밖에 없다. 이를 위해선 꾸준히 자기계발을 해야 한다. 지하철에서 책을 읽는 것도 자기계발이고 어학학원에 다니고 자격증을 취득하고 사람들을 만나 인맥을 쌓고 정보를 얻는 것도 자기계발이다.

자기계발을 위해선 계획적이고 절제된 생활이 필요하다. TV 보기, 친구 만나기, 음주, 쇼핑하기, 컴퓨터 즐기기 등을 자제하면서 30년, 40년 후의 장래를 생각하면서 자기만의 잔존가치를 높이는데 많은 시간 투자를 해야 한다.

자격증 도전

은퇴 후 방송통신대, 사이버대학에 입학하여 끊임없이 공부도 하고 어학학원에 등록하여 어학을 체계적으로 공부하기도 하고 공인중개사, 사회복지사 등 각종 자격증을 취득하여 재취업을 준비하는 사람도 있다. 피터 드러커는 평생 공부하는 사람은 젊음을 그대로 유지할 수 있다고 했다. 하고 싶었지만 못했던 일이 많을 것이다. 학생 때 입학시험 준비하는 기분으로 다시 한 번 도전해 보는 것이다.

학교나 학원을 통해 젊은 세대들과 어울릴 수도 있고 나이 들어 공부하면 육체적 건강과 심리적 만족감이 더 증가 된다고 한다. 나이가 들면 자녀들로부터도 해방되고 경제적으로도 여유가 있기 때문에 어떤 것을 하더라도 집중을 할 수가 있다. 요즘 일본에는 고독사, 노후 파산과 같은 단어들이 떠돈다고 한다. 자산이 고갈된 상태에서 연금으로 최소한의 생활비를 충당하지 못하는 노후 파산이 200만 명에 이른다고 한다. 이는 우리나라의 미래가 될 수도 있다. 여기에 반(半) 연금, 반(半) 기술의 전략이 필요하다. 연금으로 소득의 절반을 마련하고 전문성이나 기술에 기반한 일로 소득의 나머지 반을 마련한다는 뜻이다.

계속 하면 전문가가 된다

　자신이 좋아하는 일을 찾아야 한다. 할 수 있는 것부터 하나씩 시작을 하고 조금씩 연습을 하다 보면 익숙해지고 자신감을 갖게 되고 성공하는 것이다. 성공을 하고 전문가가 되는 것은 멀리 있는 것이 아니다. 좋아하는 일에 매달리면서 최선을 다할 때 언젠가는 결실을 맺게 되고 전문가가 되는 것이다.

　오래전 예전 직장에서 대구 국장을 할 때다. 설계사와 같이 최 사장이라고 하는 협력자 방문을 갔는데 그 고객은 칠성시장에서 신발도매상을 꽤나 크게 하고 있는 사장이었다. 최 사장은 고등학교를 졸업하고 가정이 여의치 않아 대학을 포기하고 어느 신발가게의 점원으로 들어갔다. 그곳에서 아침부터 가게 청소하며 손님맞이 하면서 때로는 서툴러서 주인에게 혼나기도 하고 그러나 모든 것을 감내하면서 '언젠가 나도 이 바닥에서 잘살아 봐야지'라는 다짐을 수십 번도 하면서 주인에게 장사하는 방법을 열심히 배우며 일을 했다. 그러기를 10여 년 후 꿈에도 그리던 내 점포를 갖게 되었고 착실하게 성장을 하여 방문 당시에는 대구에서 제일 큰 신발 도매상을 운영하면서 돈도 많이 벌게 되었고 모교동창회장도 하면서 장학금도 많이 내고 있고 칠성시장 지역발전을 위해 봉사도 많이 하고 있다고 했다. 나는 30여 분 동안 차 한잔을 하면서 역경을 견디며 여기까지 온 그 사장의 얘기를 들으면서 감동을 안 할 수가 없었다. 그중에서 가장 놀라운 일은 점원 시절부터 손님이 오면 절대 그냥 돌아간 적이 없었다는 것이다. 다시 말해 전문가적인 기질을 발휘하여 신발을 꼭 사게 만들었다는 것이다. 비법은 다음과 같았다. 손님이 가게에 들어오면 재빠르게 인상착의를 먼저 보면서 체격, 옷, 신발 등을 관찰한다. "어떤 신발을 찾으십니까?"라고 물어보고 손님이 "운동화 하나를 사려고요"하면 답변이 끝나자마자 "이리로 오시지요"하면서 운동화 하나를 꺼낸다. 문제는 추천하는 그 운동화가 보통의 운동화가 아니라는 것이다.

첫째가 가격이다. 처음 가게에 들어왔을 때 인상착의, 신고 있는 신발을 면밀히 관찰했기 때문에 이 손님이 2만 원짜리 신발을 찾는지 20만 원짜리 브랜드 신발을 찾는지를 이미 파악을 했다는 것이다.

둘째는 신발 사이즈다. 신발도 이미 정확한 관찰을 했기 때문에 이 손님의 발 사이즈는 한 치의 오차가 없이 정확하게 맞는 것이다.

마지막은 디자인이다. 처음 들어왔을 때 인상착의, 신발을 보면 이 손님의 디자인은 이것이 어울릴 것이다를 알 수가 있다는 것이다. 이 세 가지 조건을 갖춘 신발을 추천하면 손님은 착용해보면서 "어, 딱 맞네요" "좋아요" 하면서 거의 놓치는 손님이 없다는 얘기를 들으면서 나는 놀라지 않을 수가 없었다. 이 사람이야말로 정말 전문가 중에 전문가다. 최 사장이 점원 시절부터 신발가게에서 일하면서 얼마만큼 신발을 연구하고 고객을 연구했는가가 한순간에 스쳐갔다.

은퇴 준비는 지금도 늦지 않았다. 적성에 맞는 일, 하고 싶은 일 찾아서 계속 연구하면서 반복하면 누구나가 전문가가 되는 것이다.

흔히들 나이는 숫자에 불과하다는 이야기를 한다. 유행가에도 "내 나이가 어때서 딱 좋은 나인데"라는 가사가 있다. 나이가 드는 것은 절대로 아쉬운 것이 아니다. 70세, 80세에도 현역으로 일할 수 있는 나이고 100세가 되어도 일할 수 있는 세대가 왔다. 현역생활을 이어가야만 사람을 만나고 사회생활을 이어갈 수가 있다. 사람과 어울려 살아야 활력이 넘친다. 아무리 돈이 많다고 하더라도 일을 해야만 삶의 가치, 삶의 의미를 느낄 수가 있다.

직장생활을 오래 하면서 능력을 인정받고 관리자, 임원으로 근무하다가 퇴직을 하면 상대적으로 느끼는 허탈감이 크다. 이런 허탈감을 최소화하는 것이 계속 일하는 것이다. 통계청 자료(2010년)에 따르면 55~64세의 인구 중 장래에 근로를 희망하는 경우가 조사대상자의 73.9%나 된다고 한다. 정부 기업 등에서는 고령자를 위하는 일자리를 마련하고 있지만 턱없이 부족한 상황이고 게다가 아파트경비원, 교통·질서 유지, 업무보조 등 단순직으로 한정되어있다. 본인이 정말 하고 싶은 일을 찾아야 하고 가장 좋은 재미있는 일은 설사 보수 없이도 행복하게 할 수 있는 것이다.

열심히 하는 사람은 즐기는 사람을 못 쫓아간다고 했다. 그렇다면 즐기는 사람은 누구인가 긍정적이고 어떤 일에 미치는 사람이다. 이제 은퇴를 하고 그동안 하고 싶었던 일들이 있을 것이다. 이제 그 일에 미쳐보면서 새로운 인생을 살아가야 한다.

평생 현역으로 살자

정부는 2016년부터 정년을 60세로 늘리겠다고 발표했지만 그렇다고 하더라도 60세에 퇴직해서 퇴직 이후 아무 일도 안 하고 100세까지 무엇을 하고 살 것인가? 30년의 직장생활로는 나머지 인생 40년의 생활을 책임질 재정적 여유를 갖지도 못하고 또한 일없이 40년을 보낸다는 것도 고역이다. 따라서 60세에 또다시 신입사원이 되어 90세에 두 번째 정년퇴직을 할 준비를 해야 한다.

저금리 시대에 불안한 부동산시장을 감안하면 현역으로 오래 일하는 것이 확실한 노후준비일 것이다. 4~5억 목돈준비로 노후를 준비한다는 것은 옛날 이야기다. 은행정기예금을 해도 월 이자가 100만 원이 안 되고 재테크를 계획을 한다든지 상가, 오피스텔 구입을 통해 임대료수입으로 노후자금으로 생각해도 최근 불경기로 볼 때 상당한 리스크를 감안해야 한다. 선진국의 예를 보면 대부분의 사람들이 은퇴를 넘긴 나이에 그대로 직장에서 일하는 사람들을 많이 본다.

경영학의 창시자 피터 드러커 교수는 95세로 사망할 때까지 활동을 했고 드러커 교수는 60대 후반이 가장전성기 활동이었다고 했다. 르네상스 시대의 미켈란젤로는 71세에 시스티나 성당의 벽화를 그렸고 슈바이처 박사는 89세까지 아프리카에서 환자 수술을 했다.

우리나라의 경우 노후에 일자리를 찾기란 여간 어려운 것이 아니다. 유럽이나 일본 등 선진국도 회사의 임원으로 은퇴하고 회사의 경비나 아르바이트로 재취업하는 경우가 많다. 그러나 우리나라의 경우 가족이나 주위의 시선을 의식하고 있는 사람이 많다.

임금피크제도

근로자가 일정 연령에 도달한 시점부터 임금을 삭감하는 대신 근로자의 고용을 보장하는 제도로 정년보장 또는 정년 후 고용연장하는 제도다.

임금피크제라는 용어는 한국에서만 사용되지만 제도의 기본 틀은 일본에서 만들어졌다. 일본의 임금피크제는 고령화 대책으로 마련된 것으로, 급격한 고령화로 인해 근로자의 고용기간 연장 필요성이 제기되자 1998년 60세 정년을 의무화하고 같은 해 '시니어 사원제도'라는 명칭으로 이 제도를 도입했다. 일본은 2013년 정년을 다시 65세로 연장한 바 있다.

한국의 제도 도입

한국에서는 2003년 신용보증기금이 최초로 도입했다. 당시는 정리해고나 조기퇴직(명예퇴직)에 대한 압박이 강했던 시기로, 초기에는 고용불안 해소를 위해 정년을 보장하는 조건으로 임금을 삭감하는 정년보장형 임금피크제가 대다수였다. 2007년 말 기준 도입률이 4.4%에 불과할 정도로 활용도가 낮았으나 2013년 고령자고용법 개정을 통해 '60세 이상 정년'이 법제화되면서 제도 활용에 대한 논의가 활발해졌다. 정부는 2015년 5월 '공공기관 임금피크제 권고안'을 제시하며 공공기관을 필두로 한 제도 도입을 추진하였다.

주요 내용

임금피크제 도입 시 결정해야 할 것들은 제도 유형, 적용대상자 범위, 임금 감액 기준, 임금 감액률, 직무·직책의 조정 등이다. 유형은 정년보장형, 정년연장형, 고용연장형의 세 가지로 분류할 수 있다. 정년보장형은 노사 간 합의로 정한 정년을 보장하는 것을 전제로 정년 이전 특정 시점부터 임금수준을 낮추는 형태이고, 정년연장형은 정년을 연장하는 조건으로 정년 이전 특정 시점부터 임금수준을 낮추는 형태이다. 재고용형이라고도 불리는 고용연장형은 정년 퇴직자를 촉탁직 등 계약직으로 재고용하고 임금수준을 낮추는 형태이다. 임금 감액 기준은 총임금을 기준으로 일정 비율만큼 감액하거나 기본급만을 감액하는 방식, 특정수당·상여금·변동급 등을 감액하는 방식이 있다. 임금 감액 유형은 해마다 임금의 일정 비율을 단계적으로 삭감하는 형태와 제도 도입 시점에 감액한 임금수준을 계속 유지하는 형태다.

창업 도전

퇴직 후 누구나가 모든 한 번쯤 생각해보는 것이 새로운 일, 창업이다. 그동안 하고 싶었던 일을 노후에 편안하면서도 큰 리스크가 없는 업종을 찾는다. 창업을 할 때 반드시 고려해야 할 사항은 자신이 좋아할 수 있는 일을 선정해야 한다. 요리를 싫어하는 사람이 음식점을 차린다면 오래가지 못하고 실패할 확률이 많다고 보아야 한다. 또한 자금에 있어서도 가지고 있는 자금으로 해야지 대출을 한다거나 무리한 규모로 시작하는 것도 나이가 들어서는 절대 금물이다. 자영업은 거의 생계형 창업이 많고 음식점, 프랜차이즈, 숙박, 소매점 등 저부가가치의 업종이 대부분이고 치열한 경쟁을 감안해야 한다. 적자로 인한 어려움이 많고 한국개발연구원에 의하면 1년 생존율이 65~75%, 3년 생존율은 30~40% 정도라고 한다. 우리나라의 자영업자들은 절반가량이 3년 내에 휴, 폐업하고 75%가 10년을 넘기지 못하는 것으로 나타나고 있다. 이왕 창업하기로 결심하면 사전준비를 철저히 하여 자신의 경험 적성을 잘 고려하고 치밀한 사업계획을 짜야 한다.

창업의 십계명

반퇴시대에 일찍 은퇴를 하면 창업을 꿈꾸는 사람들이 많은데 우선 퇴직금은 50% 정도는 반드시 연금에 묶어두고 나머지로 투자 또는 창업으로 생각해야 한다. 창업을 희망하는 사람은 다음의 사항을 반드시 참고해야 한다.

① 1년 이상 정보수집, 시장조사를 하며 예행 연습을 하라.

② 과거에 집착 말고 고객에게 모든 것을 올인한다.

③ 배우자와 같이 해라. 부부가 함께 앉아 그동안 부동산, 현금, 주식, 채무 등을 펼쳐놓고 재설계를 해야 한다. 배우자 모르게 투자했다가 큰 손실을 보면 돌이킬 수 없는 낭패가 될 수도 있다.

④ 이 업종에 완전 전문가가 될 수 있도록 전문서적도 보고 벤치마킹도 하고 시행착오도 겪어야 한다.

⑤ 저금리를 받아 들여라. 지금은 눈높이를 낮추어야 한다. 저성장시대에 은행의 저축성 수신금리는 1%대에 불과하다. 은퇴를 맞이하는 사람들은 예전의 금융환경과 현재 상황이 180도로 달라졌기 때문에 어떻게 재테크계획을 세워야 하는지 어려움이 많다고 한다. 저금리시대에 7~8%의 수익은 대박에 가깝다. 목표 수익율을 낮춰야 한다.

⑥ 초기투자를 최소화하라.

⑦ 수익성보다는 안정성에 역점을 두자.

⑧ 남의 말만 듣지 말고 현장을 확인하라.

⑨ 내경험과 적성에 맞는 아이템을 골라라.

⑩ 동업은 하지 않는 편이 좋다.

4장

장수의 비결은 일하는 것이다

1. 송해(1927년 황해도 출생)

송해는 90세 노장으로 현재도 전국노래자랑의 MC를 맡고 있는 우리나라 최장수 개그맨 겸 MC다. 특이하게 건강 관리하는 것 없이 고령에도 불구하고 끄떡없이 전국노래자랑을 진행하고 있는 송해를 보면 느끼는 바가 많다. 여러 가지 역경 속에서도 하고 싶은 일에 오로지 한우물을 팠고 국민들에게 즐거움을 주는 행복을 느끼면서 열심히 사는 것이 장수의 비결인 것 같다.

2. 금년 86세 된 누님

필자가 주변에 아는 누님 한 분이 계시는데 특별하게 건강에 이상이 없이 즐겁고 행복하게 노후를 보내고 있다. 가끔 만나서 건강비결을 물어보면 "뭐 신경 안 쓰고 즐겁게 사는 거지"하고 대답한다. 언제나 만나도 쾌활하고 긍정적이다. 누님은 평소 음악을 좋아하고 노래가 특기였는데 독실한 기독교 신자이기도 하지만 평생 교회에서 성가대 일을 하는 것이다. 성가대원 중에서도 고음의 소프라노는 그 나이에도 늘 누님의 몫이라고 한다. 성가를 준비하고 성가를 부를 때는 즐겁고 행복함을 느낀다고 하니 그것이 건강의 비결이고 장수의 비결인 것 같다.

3. 우주 비행사 존 글렌

미 상원의원 존 글렌은 우주왕복선 디스커버리호를 타고 지구를 144번 선회함으로서 세계 최고령 우주비행사가 되었다. 1962년 우정 7호에 탑승하여 지구를 3바퀴 돌고 온 지 36년 만의 일이었다. 당시 그의 나이 77세였다. 미국인들은 다시지구로 귀환한 글렌을 새로운 영웅으로 맞이했다.

이 노장 우주인은 나이가 인간에게 아무런 제약이 될 수 없다는 것을 멋지게 증명한 것이다. 글렌은 우주에 9일간 머무는 동안 무중력 상태가 노화과정에 미치는 영향을 설명해줄 수 있는 10가지 실험을 수행했다. 그는 뇌파 및 호흡 감지기가 달린 장치를 온몸에 단체 뇌파, 수면 리듬, 혈압, 심장 및 순환기능, 균형 감각 등을 측정했다. 글렌은 노화의 비밀을 탐구하기 위해 실험을 자청하여 자신이 실험대상이 되었다.

노장 우주비행사 글렌은 자신이 적어도 백수를 누릴 것이라 장담하고 있다. 존 글렌은 미 항공 우주국 국장, 미 상원의원을 거치고 78세에 정치생활을 그만두고 1998년에 오하이오 주립대학에 설립된 존 글렌 스쿨에서 95세가 된 현재까지도 공공복지와 공공정책을 강의하고 있다.

4. 명창 박동진 선생

명창인 박동진 선생은 "우리 것은 좋은 것이여"로 유명했던 무형문화재 제5호로 평생 우리 소리를 익히고 다듬었던 장인이다. 열여섯 살이던 1932년 소리에 빠져 학업을 중퇴하고 판소리에 입문했다. 그리고 87세로 타계할 때까지 오로지 소리 공부에만 몰두한 인물이다. 박동진 선생은 건강하고 풍요로운 노후를 인생의 목표로 삶고 천하의 명창 소리를 들었지만 노화까지 막을 수는 없었다. 나이가 들면서 소리가 옛날 같지가 않았다.

소리꾼인 자신이 소리가 안 되자 큰일이 났구나 하며 걱정하고 냉혹한 현실을 직시했고 또한 본인은 퇴직금, 연금도 없다는 프리랜서 예술가라는 사실도 인식하면서 노화에 순응하면서 연습으로 노화를 극복했다. 60대로 접어들면서 연습량을 2배로 늘렸고 공연이 없는 날은 아침부터 저녁까지 목에서 피가 날 정도로 연습했고 그 결과 전성기의 소리를 유지할 수 있었다.

5. 이 시대의 지성 이어령 박사(1934년 충남 아산 출생)

이어령 박사는 이 시대 지성을 대표하는 석학으로 평론가에서 언론인, 교수, 그리고 문화부 장관에 이르기까지 다양한 영역에서 종횡무진 활약해 온 그는 한마디로 놀라운 '창조자'다. 그의 글은 누구나 알고 있는 평범한 사실을 뒤집어, 새로운 눈으로 바라보게 만든다. 여든이 넘은 나이가 무색하게 그의 지적 여정은 쉴 틈 없이 계속되고 있고 대한민국의 대표 천재 중 하나이다. 이 시대의 지성으로 활발히 새로운 방식의 '창조'에 몰두하는 그는 여전히 청춘이다.

이어령 박사는 자신이 펴낸 저서가 모두 몇 권이나 되는지 정확히 모를 수도 있다. 서울대와 대학원을 졸업하고 경기고등학교 교사를 시작으로 이화여자대학교 강단에 선 후 30여 년간 교수로 재직하였고, 현재

석좌교수이다. 그는 시대를 꿰뚫는 날카로운 통찰력을 가진 명 칼럼리스트로만 활약한 게 아니라 88서울올림픽 때는 개·폐회식을 성공적으로 이끌어 문화 기획자로서의 면모를 과시하기도 했다. 1980년 객원연구원으로 초빙되어 일본 동경대학에서 연구했으며 1990~1991년에는 초대 문화부 장관을 지냈다. 저서로는 『디지로그』『흙 속에 저 바람 속에』『지성의 오솔길』『오늘을 사는 세대』『차 한 잔의 사상』 등과 평론집 『저항의 문학』『전후문학의 새 물결』『통금시대의 문학』『젊음의 탄생』『이어령의 80초 생각 나누기』 등이 있고, 어린이 도서로는 『이어령의 춤추는 생각 학교』 시리즈 등이 있다.

20대의 젊은 나이에 파격적으로 한국일보 논설위원이 된 이래, 1972년부터 월간 문학사상의 주간을 맡을 때까지 조선일보, 한국일보, 중앙일보, 경향신문 등 여러 신문의 논설위원을 역임하며 우리 시대의 논객으로 활약했다. 현재 대한민국 예술원 회원, 중앙일보 상임 고문 및 한중일 비교문화연구소 이사장으로 재직 중이다.

이어령 박사의 은퇴 시기는 아무도 예단할 수 없다. 그의 지적 탐색이 젊은 세대의 어느 누구와도 뒤지지 않기 때문이다. 나이가 들면 은퇴한다는 말은 이어령 박사에게는 통하지 않는다. 80대의 이어령 박사는 어떻게 나이가 들어야 하는지 이 시대에 시사하는 바가 크다. 100세 시대에 살아남는 길은 이어령 박사처럼 나이와 무관하게 항상 패기넘치고 도전적이어야 한다.

6. 승부사 김성근 감독

그는 야구계에서 산전수전 다 겪은 김성근 감독은 한국 야구감독 중 가장 많이 해고되고 가장 많이 복귀한 감독이다. 2016년 금년 74세이고 최고령 프로야구 감독이다. 60년에 빛나는 야구 인생 중 13번 해고되고 14번 다시 고용된 것이다. 김성근 감독만큼 프로 스포츠맨의 세계를 뼈 저리게 경험한 사람도 없을 것이다. 선수들에게 강조하는 것은 다름 아닌 실력이다. 실력만이 살길이라는 사실을 몸소 체험했기 때문이다. 한 경기 한 경기를 마지막 경기처럼 최선을 다한다.

오랜 세월동안 오로지 야구 한 길만 걸어왔다. 암에 걸렸을 때도 세상에 알려질까봐 숨긴 적도 있다. 어쩌면 김 감독은 영원히 은퇴를 안 할 수도 있다. 야구장에서 목숨 걸고 싸우다가 그 길로 고별을 할 지도 모른다. 세상은 내가 하고 싶은 일 열심히 하다가 이 세상을 하직하는 것도 행복일 수도 있다.

인생의 목표는 무엇인가? 경치 좋은 곳에 별장 짓고 골프 치면서 여행 다니고 여생을 보내는 것일까? 세계일주 하면서 요트로 태평양을 횡단하는 것인가? 내가 좋아하는 일 열심히 하면서 남에게 도움을 줄 수 있고 의미 있는 인생이 행복이 아닐까 생각한다. 장수하는 사람들을 분석해보면 대체로 활동적이었으며 노동이 장수의 중요한 비결이었고 어떤 것이 되었든 일을 해야 하고 취미생활, 사회생활 등 적극적인 생활을 하고 있었다. 일하던 사람은 계속 일을 해야만 건강이 유지되고 활력 넘치는 인생을 살아가게 되는 것이다. 노동과 운동은 늙지 않는 요인이며 장수비결이다.

건강하고 풍요로운 노후는 절대 노력 없이는 불가능하다. 치밀한 계획을 세우고 매일 매일 꾸준히 노력해야 한다. 노년에는 가족과 주변에 폐를 끼치지 않고 건강과 경제적인 여유, 정신적인 풍요로움을 누리며 살아갈 수 있다면 이보다 더 큰 목표는 없다.

5장

다양한 취미 활동

100세 시대라는 말은 이제 생활용어가 되었다. 그러나 사람들은 현재의 생활에 매어 길고 긴 인생의 후반을 어떻게 즐기면서 살아야 할지 막연하게 생각하는 사람이 많다. 오늘 하루 주어진 대로 열심히 살면 된다는 긴 노후가 절대 축복이 될 수 없고 오히려 고통이 된다는 것을 명심해야 한다. 즐거운 노후를 보내는 데 있어 반드시 내가 좋아하는 취미를 1~2개 정도를 정하여 적극적인 활용을 한다면 인생은 정말 즐거울 것이다.

취미의 종류

수많은 취미가 있지만 보통 사람들이 즐기고 있는 취미를 정리하면 다음과 같다.

음악 취미: 노래 부르기, 바이올린, 피아노, 기타. 색소폰, 트럼펫, 오카리나, 드럼 등

스포츠 취미: 축구, 족구, 달리기, 등산, 수영, 테니스, 스키, 골프, 자전거, 탁구, 배드민턴, 승마, 요트, 당구 등

기타: 그림 그리기, 서예, 사진, 바둑, 스포츠댄스, 여행, 독서, 난 키우기, 요리, 영화, 독서, 반려동물 기르기 등

위에 서술한 것 이외도 수 많은 취미가 있으며 이 중에서 특히 나이 들어 많이 애호하고 있는 몇 가지만 소개하고자 한다.

1. 사진

사진은 노후취미로 가장 많은 것 중의 하나일 것이다. 과거에는 꼭 필름을 사야 했지만 요즘은 모두가 디지털카메라를 가지고 다니며 마음 놓고 셔터를 누르고 바로 사진도 확인할 수가 있다. 노년의 사진 활동은 건강에도 많은 도움이 된다.

사진의 특징

1) 사진은 기계적이고 과학적인 원리를 매개로 하여 빛을 포착해 현실 공간을 평면적 화면에 나타내어 전달하는 표현 매체이다.

2) 사진술은 원래 자연과학에 바탕을 둔 것으로 대중의 흥미를 끄는 동시에 사회생활 깊숙이 파고들어 그 응용범위가 과거에 비해 훨씬 넓어졌다. 사진에 의해서 기록된 것은 모두 어떤 자료로서의 가치가 있으며, 따라서 사진 응용의 범위는 그 기술의 향상과 더불어 점점 더 확대되고 있다.

3) 사진은 주로 자연 속에서 펼쳐지는 생활의 일부를 차지하는 종합적인 표현예술이기 때문에 많은 사람들의 취미로서의 확실한 자리매

김을 하고 있고 정신건강에 좋고 나이 들어 치매 예방에도 많은 도움이 된다. 특히 은퇴후 시간의 여유를 갖고 사진에 몰입을 하는 사람들도 있고 개인 사진전도 갖는 사람도 많다.

4) 사진은 사계절을 모두 즐길 수 있고 촬영지를 찾아 여러 곳을 여행하게 된다. 여행을 많이 하다 보면 자연에 순응하게 되고 신비스러운 대자연에 빠져들면서 마음도 넓어지고 정신 건강에도 아주 좋다.

기업에서 임원으로 퇴임한 박 씨는 65세에 20년 계획을 세우고 예술 사진작가로 새출발했다. 사진에 취미를 가지면서 생활이 바뀌었다. 예술 사진은 생각을 사진으로 표현하는 것이고 전시회나 세미나에 참석하는 것이 하루 일과였고 취미가 되었다. 아프리카 여행을 다녀온 후 10년은 사진공부로 정하고 그 후 10년은 사진작가로서 의미 있는 활동을 하는 기간으로 잡았다. 박 씨는 85세에 20년 활동을 종합한 사진집을 내려고 계획을 잡고 있다.

2. 등산

등산은 심신을 단련하고 즐거움을 찾고자 하는 행위 중 하나로서, 산을 오르는 것 자체가 목적이며, 숲 속의 맑은 공기를 마실 수 있다는 점에서 건강에도 긍정적 효과를 누릴 수 있는 대표적인 유산소 운동이다. 등산은 건강을 위한 취미라고 하지만 남녀노소를 불문하고 누구나 즐기는 국민운동이 되었다.

등산의 효과

등산은 체력관리에 가장 효율적인 운동이라고 할 수 있으며 관절에 꾸준한 자극을 주고 맑은 공기를 폐 속에 깊숙이 불어 넣어주는 일석이조의 효과가 있다. 등산은 체력모험심과 성취감을 맛보게 함으로써 인내심을 기를 수 있게 해주고 만족감이나 자신감을 줄 뿐 아니라, 우울증을 해소하는 등 정신건강에 도움이 된다. 또한 에너지 소비가 높은 운동으로 체지방 감소에 효과가 있고 심폐지구력을 향상시키고, 스트레스를 해소함으로써 만성피로를 줄이는 효과가 있다. 심혈관질환의 위험을 낮추고 운동부족으로 오는 만성질환을 예방할 수 있다. 숲이 만들어내는 오염되지 않은 산소 등 인체에 유익한 성분을 흡수하게 되어 인체를 정화시킨다. 자신의 체중은 물론, 각종 장비들의 무게로 인하여 근력운동의 효과를 낼 수 있어 골밀도를 높여주기 때문에 골다공증을 예방할 수 있다. 등산의 종류는 트레킹, 하이킹, 등반 등으로 나누고 등산에 대한 기초적인 등반지식을 습득하고 등산하는 것이 좋다.

3. 그림 그리기

"나는 보는 것을 그리는 것이 아니라, 생각하는 것을 그린다. 작품은 그것을 보는 사람에 의해서만 살아있다. 나에게 미술관을 달라. 나는 그 속을 가득 채울 것이다. 나는 찾지 않는다. 발견할 뿐이다. 예술은 우리의 영혼을 일상의 먼지로부터 씻어준다."

- 파블로 피카소

그림은 피카소의 말처럼 자신의 어린 시절 꿈을 이룰 수 있는 좋은 취미다. 노벨문학상을 받았던 윈스턴 처칠도 노년에 그림을 즐겨 그렸다고 한다.

그림 그리기의 특징

그림 그리기는 마음의 평화를 가져오는 대표적인 예술이라고 할 수 있으며 동양화 서양화로 나눌 수 있고 자신의 취향에 따라 선택해야 한다. 나이 들어 치매를 예방하는데 있어 주로 머리를 쓰고 손을 많이 움직이라고 하는데 그림 그리는 것이야말로 머리와 손을 움직이는 대표적인 행위 예술이다. 따라서 화가들이 일반적으로 장수한다고 한다. 어느 정도 연륜이 쌓이면 자연스럽게 투자를 하여 개인 전시회도 갖는 사람이 많다.

4. 바둑

남녀노소를 불문하고 대중에게 많이 알려지고 사랑을 받고 있으며 얼마전 이세돌 기사가 알파고와의 대결을 하면서 바둑은 더 많은 인기를 갖게 되었다. 바둑은 다른 취미와 다른 것은 한번 빠지면 헤어나질 못할 정도로 몰입하게 된다.

바둑의 특징

1) 남녀노소가 손쉽게 시작할 수 있고 즐길 수 있다.
2) 집이나 기원에서 만나서 즐길 수 있고 요즘은 식당, 오락장 등에도 바둑판을 비치하고 있는데도 많고 인터넷을 통한 대국도 많이 한다.
3) 장소에 구애받지 않고 혼자서도 할 수 있고 준비물은 바둑판과 바둑돌만 있으면 된다.
4) 두뇌 활동을 자극하여 치매 예방에 좋다.

5. 서예

직장을 은퇴하고 나이가 들면서 서예를 하는 사람들이 많다. 품위에 가장 걸맞은 취미가 서예다. 글을 쓰는 동안은 아무런 생각 없이 집중할 수 있고 또한 한글 서예와 한문서예가 있고 오래 하다 보면 어느덧 묵향(墨香)까지 즐기게 된다.

서예의 특징

1) 정적인 활동으로 바깥활동을 많이 안 하는 나이가 많은 사람들에게 특히 좋다.
2) 큰 비용이 들지 않고 좋은 사람들을 많이 만난다.
3) 정신건강에 많은 도움이 되고 품위가 있어 보인다.

6. 낚시

낚시는 인류가 시작되면서부터 먹이로서 생산활동이라 할 수 있으며 노후에도 혼자서 즐길 수 있는 전천후 레저라고 할 수 있다. 공기 좋은 곳에서 자연과 하나 되는 기쁨을 즐기면서 스트레스를 받지 않는 유일한 레저활동이다. 낚시는 장소에 따라 여러 종류로 나눌 수 있으나 크게는 민물낚시와 바다낚시로 나눈다.

낚시의 특징

1) 남녀노소를 불문하고 부담없이 즐길 수 있고 특히 혼자서도 할 수 있다.
2) 정신집중을 할 수 있고 오래도록 즐길 수 있다.
3) 동호회로 어떤 취미활동보다도 끈끈한 정으로 뭉치는 성향이 있다.

7. 난, 분재 키우기

동양난은 서양란에 비해 화려함은 떨어지지만 다채로운 꽃 색깔과 꽃 모양 그리고 잎에 나타나는 갖가지 무늬 등이 연출하는 청초한 모습과 우아한 향기 등이 동양란의 매력이고 1년을 통해 계속 꽃을 즐길 수 있고 한국을 비롯해 중국, 대만, 일본 등의 온대지방에서 자란다. 난의 구입 시기, 방법, 식재의 자료와 용기, 화분, 식재방법, 재배관리에 있어 장소, 온도, 물주기, 거름주기 등을 잘 알아야 하고 병충해, 방재도 알아야 한다.

분재의 특징

분재란 식물, 특히 나무를 이용해서 자연의 풍경을 그대로 분위에 재현시켜 놓은 것이라고 할 수 있다. 자연의 풍경은 여러 가지 복합적인 요소에 의해 형성되는 것이고 분재는 풍경 중 가장 중요한 요소인 어떤 상징만을 조형하게 되는 것이다. 이런 의미에서 분재를 "자연의 축소판"이라고 하는데 인간이 창출해 놓은 하나의 자연이라고 할 수 있다.

8. 여행

여행은 개인 여행 또는 여행사를 통한 단체 여행, 또는 테마 여행도 있다. 특히 테마 여행을 하다 보면 어느 순간 전문가적인 소양도 쌓이게 된다. 여행은 마음의 여유를 갖고 여러 사람을 만나면서 많은 견문을 넓히고 새로운 인생을 배울 좋은 기회다.

여행의 특징

1) 많은 시간과 여행 비용이 필요하다.

2) 지역의 역사와 문화를 알게 되고 살아가는 다양한 방식을 체험하게 된다.

3) 사전 여행지에 대한 자료, 정보에 대한 공부를 하고 돌아와서도 앨범을 비롯한 기록을 남겨둔다.

4) 손주들과 같이 박물관, 미술관, 문화원, 민속촌, 공원, 재래시장, 종교장소, 궁궐 등 다양한 학습을 할 수 있다.

6장

봉사활동

나머지 삶은 봉사하는 즐거움으로

은퇴 후는 여러 가지 고민을 많이 한다. 일을 계속해야 하나? 일한다면 어떤 일을 해야 하나? 어떻게 하는 것이 멋진 인생을 보내는 것일까? 노후에 일한다는 것은 생계수단이라면 이것저것 가릴 것이 없겠지만 비교적 여유가 있는 사람이라면 해야 할 일보다는 즐거운 일을 해야 한다. 수입이나 지위, 명예 같은 것을 생각지 말고 가장 좋은 직업은 보수 없이도 행복하게 할 수 있는 일이다. 본인이 지금까지 했던 경험을 살려 가지고 있는 재능 전문성을 활용하여 봉사한다면 더할 나위 없이 좋은 삶이 될 것이다. 우리가 죽기 전에 세상에 남길 수 있는 것은 남에게 베푸는 것이라고 했다.

정년 이후의 삶은 돈을 버는 것보다 인생의 의미 있는 보람을 찾는 것이기 때문에 봉사활동이야말로 나머지 삶을 더욱 멋지게 보내는 것이라 볼 수 있다. 남을 돕는 봉사활동은 생활만족도가 높아질 뿐만 아니라 정신건강에도 좋아 사망위험도도 낮아진다고 한다.

봉사는 나의 생활이다

　대기업에서 사장까지 하고 은퇴한 필자의 선배 유 씨는 용인 샘물 호스피스 병원에서 12년째 말기암 환우를 돌보는 호스피스 봉사활동을 하고 있다. 샘물 호스피스 병원은 친절하고 깨끗하면서 비용도 저렴하여 그동안 거쳐 간 환자가 무려 7,946명이나 되고 여기에서 임종을 한 환자가 6,889명이라고 한다. 유 씨는 이렇게 얘기하고 있다. "현대의학적으로 더 이상 치료가 불가능하다고 판정받으신 말기 환자에게 무의미한 의료행위를 계속하다가 결국 인공호흡기를 떼야 하는 안타까운 경우가 많다"고 하면서 "불치환자의 고통을 약에 의존하는 것보다 평안한 임종을 맞도록 위안과 안락을 베푸는 사람의 따뜻한 손길이 절대적으로 필요하다"는 것이다. 말기 환우의 육체적 고통을 덜어주기 위한 심리적 종교적으로 도움을 주어 인간적인 마지막 삶을 누릴 수 있도록 도와주는 일이야말로 진정 의미있는 일이라고 한다. 반병 남은 술을 보고 누구는 "반병밖에 안 남았다"고 아쉬워하지만 또 어떤 사람은 "아직도 반병이나 남았다"고 하면서 여유를 갖는 사람처럼 유 사장은 이제부터 남을 위해 봉사하는 새로운 인생을 시작해보자 결심을 하고 호스피스 일을 시작했다고 한다. 유 사장은 "나는 지금까지 좋은 직장에서 인생의 절정기를 보냈으니 참으로 행운아가 아닌가" 하면서 "이제 65세가 되어 地空(지하철 공짜)반열에 오르지만 많은 친구가 있고 마실 물이 반밖에 안 남은 것이 아니라 아직도 반이나 남았다. 내가 할 일이 아직도 많이 남아 있음에 감사한다"라고 말했다. 유 사장은 봉사를 하면서 육신적으로는 환자를 돕지만 정신적으로는 오히려 내가 도움을 받는 기분에 힘든 줄 모른다고 한다.

지금까지 베풀어 주신 은혜에 감사하며 남은 인생을 남을 위한 봉사로 마칠 각오를 하고 있다는 유 씨를 보면서 누가 보더라도 어렵고 힘든 봉사활동이고 희생정신이 없으면 도저히 할 수 없다고 생각하는데 유 씨야 말로 남을 위한 희생정신의 유전인자를 갖고 있는 사람으로 여겨진다.

샘물 호스피스 병원

샘물 호스피스 병원은 1993년 원주희 목사가 설립하였고 깨끗하고 친절하며 비용도 매우 저렴하기 때문에 대기자가 많은 병원이다. 전액 후원금으로 충당하고 있고 부족한 인력은 자원봉사자로 충당된다. 그간 샘물 호스피스에서 자원봉사 교육을 받은 사람은 총 1만8,000명이 넘는다.

설립자 원주희 목사는 "인간에게 가장 공평한 것은 죽음이다. 말기 암 환자를 놓아주지 않고 약으로 고문하는 것은 쓸데없는 죄책감 때문"이라고 했다. 오히려 통증 조절만 하면서 손을 잡아주는 것이 끝까지 '좋은 삶'을 살게 하는 방법이라는 것이다.

인생 무대가 웰빙(well-being) 무대, 웰에이징(well-aging) 무대, 웰다잉(well-dying) 무대로 나뉜다면 요양병원은 웰에이징이고 호스피스는 웰다잉이다. 원주희 목사는 "우리는 죽음에 대해 모르는 게 세 가지, 아는 게 세 가지가 있다"라고 한다. "언제, 어디서, 어떻게 죽을지 모른다"는 것이 모르는 것 세 가지이고 "누구나 죽고, 혼자 죽고, 죽는 순서가 없다"는 것은 모두가 아는 사실이다.

자원봉사는 나의 행복이다

앞에서도 이야기했지만 미국의 은퇴자들은 하루 평균 52분을 사회참여 봉사활동에 투자하는 반면 우리나라 은퇴자들은 단 3분에 불과하다는 것이다. 봉사활동을 많이 하는 사람들의 얘기를 들어 보면 다음과 같다. 봉사활동을 오래 하다 보면 봉사는 거창한 사명감으로 하는 것이 아니라 자연스러운 삶의 일부라는 것을 깨닫게 된다고 한다. 봉사에도 단계가 있다. 불편스럽게 느끼는 단계, 혼란스러운 단계, 의무적으로 행하는 단계, 그다음이 편안한 일상으로 받아들이는 단계로 온다는 것이다. 거창한 사명감으로 봉사하면 어느 순간 힘에 겨운 순간이 온다. 또한 몸에 맞는 옷이 있는 것처럼 봉사도 취향에 맞는 봉사가 있다는 것이다.

호스피스 병동에서 말기 환자 돌보미, 고아원에서 아이들 돌보미, 활동이 불편한 장애인 돌보미 등 다양한 봉사활동이 있는데 봉사도 보람도 느낄 수 있으면서 편하게 느껴지는 연령대도 있기 때문에 그 분야에서 봉사하는 것이 좋다는 얘기다. 따라서 처음부터 한곳을 정해놓고 의무감으로 다니지 말고 여러 곳을 다니면서 내 몸에 맞는 활동처를 찾아보라는 것이다.

교회에서 만난 친구 L씨는 교장으로 은퇴를 하고 1년간은 그동안 해보고 싶었던 여행, 만나고 싶었던 사람들, 등산, 운동 등을 하고 나니 무료한 날이 다가오기 시작했다. 매월 받는 연금으로 다른 친구들에 비해 여유로운 노후는 보장이 되었지만 특별한 할 일이 없어 보람을 느끼지 못하고 고통스러운 생각까지 했다.

그러던 어느 날, 지인이 퇴직 후 병원에서 도우미 일을 하면서 자원봉사를 하는 것을 보고 자신도 사회에 봉사할 수 있는 일이 없을까 생각하다가 인근의 사회 복지단체에서 불우 아이들을 가르치는 공부방이 있다는 것을 알게 되었고 그동안 교단에서 학생들에게 가르쳤던 영어를 하루에 2시간씩 아이들에게 가르치고 있다. 특별한 보수가 나오는 것도 아니고 다른 사람들이 알아주는 것도 아니지만 교직생활을 할 때보다 더 행복감을 느낀다고 했다.

미국 미시간대 연구조사에 의하면 직장 은퇴자들 중에서 자원봉사를 하는 사람들은 일상의 사소한 스트레스에서 벗어나게 되고 남을 돕는다는 성취감과 만족감이 높아 그렇지않은 사람에 비해 훨씬 오래 산다는 결과가 나왔다. 남을 돕는 일에 집중하다 보니 일상의 사소한 스트레스에서 벗어나고 다양한 계층의 사람들과 어울리다 보니 몸과 마음이 더 건강해지고 또한 나를 필요로 하는 곳에서 일하면서 스스로 느끼는 행복감마저 생각하면 봉사활동이야 말로 가장 보람있고 생산적인 여가활동이라고 할 수 있다.

집안일 봉사하기

요즘 직장인들은 회사에서 하고 있는 주기적인 봉사활동도 다니고 개인적으로도 여러 가지 봉사활동을 많이 하고 있다. 양로원, 고아원, 장애인, 독거노인, 걸식노인, 배식 공원, 거리 청소하기 등 무수히도 많다. 장애인과 놀아주고 목욕시키고 밥도 먹여드리고 책도 읽어주고 힘들게 봉사하면서 많은 것을 느꼈을 것이다.

그런 봉사활동을 상기하면서 이제는 가족에게 집에서 봉사활동을 한다고 생각하면 어려울 것도 없고 최고의 보람 있고 의미 있는 일일 것이다. 집안 청소하고 그동안 방치하고 있던 책 정리, 서랍 정리, 창고정리, 직접 요리하기, 손주봐주기 등 찾으면 얼마든지 많을 것이다.

요리 배우기

학원에 다니면서 전문적인 요리도 배울 수 있지만 요즘은 TV 요리 프로그램에서도 간단한 요리는 배울 수 있고 또 인터넷에서도 얼마든지 찾아볼 수 있다. 지금까지 아내가 해주는 식사만 해서 그렇지 직장에서도 야유회 등산 다니면서 밥도 해보고 찌개도 끓여보고 불고기도 해보고 얼마든지 요리 경험은 있을 것이다. 이제 그동안의 솜씨를 발휘하면 좋은 요리사가 될 것이다. 요리야말로 건강식단은 물론이고 부인과의 친밀감을 갖는 최고의 일거리이고 봉사활동이 될 수 있는 일거양득이다.

기부하는 즐거움

서울 K대학 경비원 박 씨(69세)는 형편이 어려운 학생들과 어려운 학생들을 위해 이웃을 위해 써달라며 사회복지 공동 모금회에 1억 원을 기부했다. 10년 이상 경비원을 일하며 받은 월급을 꼬박꼬박 모은 돈이다. 비정규직 경비원이 1억 원 이상 기부모임인 아너 소사이어티(Honor Society) 회원이 된 것은 처음이다. 대통령이 초대하는 청와대 행사에도 다녀왔다고 한다. 박 씨는 "삶에 목표가 있으면 직업은 어느 것이든 중요치 않다"며 두드리면 열린다는 생각으로 용기 있게 세상에 도전한다고 한다.

종교 생활은 심리적 안정감을 준다

노년의 삶에서 종교는 삶의 보람을 느끼고 희망과 심리적 안정감을 가져온다.

인간은 인생을 살면서 어려움에 많이 봉착하게 되고 누군가의 도움이 절실히 필요할 때 신을 찾게 된다. 또한 아무리 과학기술이 발달하고 의료기술이 발달해도 인간의 힘은 무한한 것이 아니고 유한한 것이다.

종교생활을 하고 있는 노인의 생활만족도는 그렇지않은 노인보다 만족도가 높았고 주관적 안정감을 강화하고 우울증을 저하하고 신체적 정신적 건강의 유지 및 증진에 도움을 주는 것으로 분석하고 있다. 종교참여는 자신들이 존경받는 사람이라는 인식을 심어주고 다양한 실제적인 도움을 통해 현실적 문제 해결에 도움을 주고 다양한 활동을 통해 생에 대한 의미를 재발견하고 불안감과 우울증 고독감을 극복하게 한다. 종교는 심리적 충격을 완화하는 데도 중요한 역할을 하게 한다.

헐크 이만수의 행복

헐크 이만수는 이제 노장 58세가 되었다. 프로야구 원년인 1982년, 그는 기록의 사나이였다. 프로 야구 1호 안타, 1호 홈런, 1호 타점, 첫 100호 홈런을 날렸던 그는 SK 와이번즈 감독을 끝으로 새로운 인생을 살고 있다.

야구불모지인 라오스에서 청소년과 함께 운동장을 돌고 국내유망주를 무료로 지도하며, 인생 2라운드에 푹 빠져 있는데 그는 요즘 야구인생 46년 만에 처음 행복을 느끼고 있다고 한다. 변변한 놀이 문화가 없는 라오스의 가난한 아이들을 도와달라는 현지교민의 요청이 계기가 되었다.

어렵게 운동했던 어린 시절을 떠올리면서 사비 1,000만 원을 들여 야구용품을 보냈고 직접현장을 찾았다. 그리고 라오스 최초의 야구단 라오브라더스도 창단했다. 전국 초중고 야구부 40여 곳을 돌며 어린 선수들과 함께 땀을 흘렸다.

"마냥 즐겁고 행복의 원천은 나눔이다"라고 이 감독은 말한다. 우리는 100세 시대를 살면서 은퇴 후 이 감독처럼 평소 하고 싶었던 일을 원없이 누려보는 것도 보람 있고 행복일 것이다.

어느 젊은 사형수가 있었다. 사형을 집행하던 날 형장에 도착한 그 사형수에게 마지막으로 5분의 시간이 주어졌다. 최후의 5분… 절체절명의 시간이 초조히 지나고 있었다. 짧았지만 너무나도 소중한 시간이었다. 마지막 5분, 이 마지막 5분을 어떻게 쓸까? 그 사형수는 순간 상념에 젖었다. 가족들과 친구들을 생각하는 사이 벌써 2분이 지나버렸다. 그리고 자신에 대하여 돌이켜 보려는 순간 "아, 이제 3분 후면 내 인생도 끝이구나." 세월을 금쪽같이 쓰지 못한 것이 정말 후회되었다. "아, 다시 한 번 인생을 살 수만 있다면…" 하고 회한의 눈물을 흘리는 순간, 기적적으로 사형집행 중지 명령이 내려와 간신히 목숨을 건지게 되었다. 구사일생으로 풀려난 그는 그때부터 5분간의 시간을 생각하며 평생 '시간의 소중함'을 간직하고 살았다. 그 결과 날마다 시간을 5분 단위로 계산하여 살았다.

위의 내용은 마지막 삶의 5분처럼 언제나 최선을 다하여 『죄와 벌』『까라마조프의 형제들』『영원한 만남』 등 수많은 불후의 명작을 발표한

'도스토옙스키(1821~1881)'의 말이다.

우리는 지금 이 순간 무엇을 하고 있고 시간을 어떻게 쓰고 있는가? 제2의 새로운 인생을 도스토옙스키처럼 불후의 명작을 남겨보고 싶은 생각은 없는가. 명작은 아니더라도 헛되이 시간 낭비하지 말고 멋지게 살아야 한다. 고 정주영 회장도 "시간은 누구에게나 평등하게 주어지는 자본금"이라고 했고 가장 열심히 일 한 사람 중의 한사람이다. 정 회장은 노년까지 왕성한 열정으로 기업은 물론 한국을 세계적인 경제국가로 성장시키는데 큰 기여를 한 분이다.

직장은 출근, 일, 점심, 퇴근 등 하루의 스케줄이 정해져 있다. 하지만 은퇴 이후는 어느 누구도 이를 통제해주지 않는다. 자기 스스로 일과를 짜야 한다. 통계자료에 의하면 60세 이상 은퇴자의 하루는 수면 시간이 좀 길어지고 그다음이 TV 시청, 걷기 산책, 취미 생활, 독서, 여행, 컴퓨터, 영화 등으로 나타나고 특히 장시간 TV 앞에 있다 보면 인생 자체가 무료하게 느껴지는 부작용도 나타나기 쉽기 때문에 가급적 TV 시간을 자제하는 습관이 필요하다고 하겠다. 은퇴는 가족에 대한 부양 의무 등에서 벗어나 정말 해보고 싶었던 일을 할 수 있는 절호의 기회이다. 따라서 본인이나 사회에 가치 있는 일을 한다면 인생은 훨씬 활기차고 보람 있을 것이다.

진정한 친구란?

소중한 우정과 사랑을 위해

친구라는 말보다 아름다운 것은 없다.

우정보다 소중한 것도 없다.

나는 당신에게 아름다운 친구 소중한 우정이길 바랄 뿐이다.

사랑이란 말이 오고 가도 아무 부담 없는 다정한 친구

혼자 울고 있을 때 아무 말 없이 다가와 '친구야! 힘내' 라고 말해주는 바로 당신이 바로 내 친구이기 때문입니다.

나 역시 당신의 어떤 마음도 행복으로 받아들일 수 있는 친구, 사랑과 우정으로 다져진 친구입니다.

함께 있지 않아도 보이지 않는 곳에 있어도 서로를 걱정하고 칭찬하는 그런 친구이고 싶습니다. 내 주위에 아무도 없어도 당신이 있으면 당신도 내가 있으면 만족하는 친구이고 싶습니다.

당신에게 행복이 없다면 그 행복을 찾아줄 수 있고 당신에게 불행이 있다면 그 불행을 물리칠 수 있는 그런 친구이고 싶습니다.

각자의 만족보다는 서로의 만족에 더 즐거워하고 행복해 하는 친구이고 싶습니다.

사랑보다는 우정이 우정보다는 진실이란 말이 더 잘 어울리는 아름다운 친구이고 싶습니다.

고맙다는 말 대신 아무 말 없이 미소로 답할 수 있고 둘보다는 하나라는 말이 더 잘 어울리며 당신보다 미안하다는 말을 먼저 할 수 있는 진실한 친구이고 싶습니다.

아무 말이 없어도 같은 것을 느끼고 나를 속인다 해도 전혀 미움이 없으며 당신의 나쁜 점을 덮어줄 수 있는 그런 우정의 친구이고 싶습니다.

잠시의 행복이나 웃음보다는 가슴 깊이 남을 수 있는 행복이 더 소중한 친구이고 싶습니다.

그냥 지나가는 친구보다는 늘 함께 있을 수 있는 나지막한 목소리에도 용기를 얻을 수 있는 아낌의 소중함보다 믿음의 소중함을 더 중요시하는 친구이고 싶습니다.

먼 곳에서도 서로를 믿고 생각하는 그런 소중한 친구이고 싶습니다.

당신보다 더 소중한 친구는 아무도 없습니다.

소중한 우정과 사랑을 위해….

- 좋은 글 중에서

진정한 친구를 읊은 시중에서 위의 글처럼 우정과 사랑을 담은 시도 없을 것이다. 이 세상을 살면서 나와 같이할 수 있는 정말 참신하고 믿을 수 있는 친구는 2~3명 있어도 행복한 사람이라고 했는데 '소중한 우정과 사랑을 위해'에서 표현한 친구는 단 한 사람만 있다고 해도 행복한 사람일 것이다. 힘들고 어려울 때, 혼자 고독을 느끼고 있을 때, 아무 말 없이 다가와 '친구야! 힘내' 라고 용기를 줄 수 있는 친구, 함께 있지 않고 보이지 않는 곳에 있어도 서로를 생각하고 걱정해주는 그런 친구, 나 혼자만의 행복이 아니고 서로의 행복에 더 즐거워하는 친구, 아무 말이 없어도 같은 것을 느낄 수 있는 친구, 세상에 이런 친구는 없을 것이다. 내가 바라는 이상의 친구라고 할 수 있지만 그러나 내가 노력한다면 지금 만나고 있는 친구들에게 이런 친구가 되는 것은 어려운 일은 아닐 것이다.

친구란 무엇일까? 벤자민 프랭클린은 '아버지는 보물이요 형제는 위안이다. 그러나 친구는 보물이고 위안이다'라는 말을 남겼는데 친구를 잘 대변한 것 같다. 단 한 명이라도 진실한 우정을 맺고 있는 친구가 있다면 그 사람의 인생은 축복받는 삶이라 할 수 있을 것이다.

나를 둘러싸고 있는 인간관계

나이가 들면 가족, 친구 등 주변 사람들이 줄어든다. 사회관계도 현역
보다 줄어들 수밖에 없고 인간관계가 소원해지면서 모든 일에 자신감이
없어지고 무미건조해진다. 함께 만나서 이야기하고 놀면서 여가를 보낼
수 있는 인간관계가 중요하다.

가족도 있고 배우자도 있지만 또 다른 여가를 함께할 친구도 있어야
한다. 다양한 취미를 즐길 수 있고 내가 좋아하는 동호회 모임도 나가면
서 사회활동을 할 수 있다면 노후는 더할 수 없는 행복일 것이다.

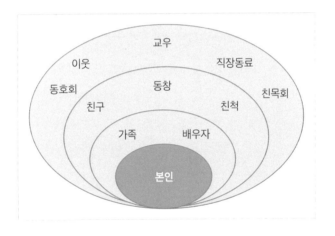

그림에서 본인과 가까울수록 친밀도가 소중한 사람들이다. 인간관계
를 3부류로 나눈다면 가장 가까운 인간관계는 배우자와 가족일 것이고
다음은 친척과 친구로 구성되는 관계, 그리고 그 외의 사람들로 구성되
는 관계, 즉 이웃, 교우, 친목단위, 취미로 만나는 동호회 구성원들일 것
이다.

얼마나 오랫동안 관계를 유지할 것인가? 10년, 20년 후에도 지금과 같

이 친밀한 관계를 유지할 것인가? 이렇게 나와의 네트워크를 보다 보면 시간이 흐를수록 내 곁에 남는 사람, 가장 가까운 사람은 배우자, 가족 관계일 것이다. 그러나 지금까지의 인간관계가 직장 동료와 같은 직장 중심의 관계로 이루어졌고 또 나의 취미생활을 같이 하다보니 다양한 동호회 모임에서도 활동을 하면서 친목을 다져왔고 친구들과도 내 형제처럼 가까이 지내왔고 직장생활에서 업무상으로도 많은 사람들을 만나면서 등산, 골프, 식사하면서도 인간관계를 했던 사람들도 많다. 필자도 예외가 아니었다. 직장생활을 오래 하면서 같이 근무했던 선후배 동료들과 지금도 자주 만나 식사도 하고 골프, 등산도 하고 여행도 다니고 같이 공부도 한다. 옛날의 친목을 그대로 느끼면서 만날 때마다 즐거운 시간이고 선배들을 만날 때는 나의 롤모델로 생각하는 사람도 많다. 나도 나이 들어 저렇게 건강하고 후배들에게 모범을 보이면서 멋지게 인생을 보내야지 하면서 내 자신을 점검하게 되고 또 후배들을 만날 때는 활기 넘치는 패기와 다양한 정보를 접하면서 같이 젊어지는 기분을 느낀다. 같은 연배의 학교 친구, 직장입사 동기, 군대 친구 등을 만날 때는 머리 허끗허끗한 친구를 보거나 또 팔팔했던 옛 모습이 아닐 때는 '너도 이제는 나이 들어보이는구나' 하면서 친구가 바로 나 자신이라고 생각하게 된다.

내 모습을 보기 위해서도 친구들을 열심히 만나고 있는데 특히 고등학교 동창들이 서울에 80여 명 살고 있고 모임이 아주 활발하다. 매월 월례모임으로 광화문 저녁 모임, 여의도포럼, 강남 점심 모임이 있고 월 등산모임, 월 골프 모임도 있다. 또 연 2회 정도 해외, 국내여행도 있다. 건강하고 부지런하지 않으면 이 많은 모임을 다 소화하기가 어려운데 개

중에 몇 명 친구는 억척스럽게도 이 다양한 모임을 거의 빠지지 않고 참석하는 친구도 있다. 친구들과의 대인관계만 가지고도 충분히 멋진 노후를 보내고 있다. 그 외에 필자는 대학 최고경영자과정을 두 개를 수료하면서 주로 기업인들과 많은 교류를 하고 있는데 CEO들의 기업경영 특히 어려운 가운데서도 도산의 위기를 뚫고 성공한 원우들을 볼 때는 머리가 숙여질 때도 많고 매월 비즈니스 포럼을 운영을 하면서 기업탐방을 다니는데 우리나라의 경제현황을 현지에서 견학을 하면서 미래를 볼 수 있는 기회도 갖는다.

세상에는 완벽한 사람이 없다. 같이 더불어 살고 있다. 나의 모자람을 채워줄 다양한 사람들을 만나면서 살아간다. 태어나면서부터 죽을 때까지 우리는 많은 사람들을 만난다. 그러기에 우리 삶은 사람과의 차지하는 비중은 말할 수 없을 만큼 크다고 볼 수 있다. 사람으로 인해 웃고 울고 행복하고 감동하고 또 분노하면서 살아간다.

인간 관계는 선을 지켜야 한다

적절한 균형

인간관계는 적절한 선을 지켜야 되고 세상을 살아가기 위한 최고의 지혜이기도 하다. 적절한 선을 지키는 것은 마라톤에서 넘어지지 않고 잘 달릴 수 있는 것과도 같다. 자신이 원하는 것과 상대방이 원하는 것 사이에서 적절한 균형점을 찾으면 친구 사이는 잘 유지될 수 있다. 사람과의 인간관계는 시소와 같아서 양쪽에서 번갈아가며 오르락내리락해야지 한쪽으로만 치우치면 그 관계는 오래가지 못한다. 감정이든 돈이

든 명예든 무엇이든 서로 교환한다는 기분을 가져야 한다.

말조심하기

사람과의 관계에 있어 가장 많이 신경을 써야 할 것이 말이다. 사람을 대함에 있어 신중하게 말해야 하고 아무리 친한 사이라도 함부로 말할 수 없고 내가 소중한 만큼 남도 소중한 것이다. 평소 말하기 전에 상대방의 반응을 예측해보는 습관을 기르는 것도 매우 중요하다. 말실수를 자주 하는 사람으로 낙인찍히면 가볍고 경솔한 사람으로 인식된다. 잘 난척하고 남의 이야기를 잘 듣지 않는 사람은 주변에 좋은 사람이 없다.

경청하기

삼성 이건희 회장이 회사에 처음 출근하던 날, 아버지 이병철 회장으로부터 '경청(傾聽)'이라는 휘호를 선물 받았다는 일화가 있다. 영국속담에도 '말을 많이 하게 되면 후회가 늘고 말을 많이 듣게 되면 지혜가 는다'는 말이 있다.

이처럼 경청의 중요성은 수백을 강조해도 지나침이 없다. 원활한 의사소통을 위해서 원만한 대인관계를 위해서 경청은 필수적이며 핵심적이다. 필자가 전 직장에서 국장 시절 영업을 가장 잘했던 이 소장이 있었다. 이 소장은 특별한 특기나 탁월한 능력이 있어 보이지는 않았는데 매월 최우수 영업소를 독차지하여 어느 날 영업소를 방문하여 장시간 관찰을 해보았는데 사원들이 종일 활동을 하고 귀소를 하면 영업소장에게 하루의 활동보고를 하는데 사원들의 말을 정말 열심히 들어주면서 감탄사를 연발하면서 계속 맞장구를 쳐주는 것이었다. '아, 그랬었군요' '많이 힘들었겠네요' '정말 잘했네요' '아! 대단하십니다' 하며 본인의 얘기보다는 사원들의 말만 듣고 있었다. 내 스스로가 놀라지 않을 수가 없었다. 바로 이것이구나! 사원들의 말에 관심을 나타내며 경청하면서 공감하고 맞장구를 쳐 주는 것이었다.

사람은 누구나가 다 자신의 이야기에 귀 기울여 주는 사람을 좋아하기 때문에 친밀한 인간관계를 위해서는 가장 효과적인 방법이다. 사람은 경청 자체가 신체 구조상 매우 어렵다고 한다. 말을 배우는 데는 2년이 필요하고 침묵을 배우는 데는 60년이 걸린다는 이야기도 있다. 따라서 상대방의 이야기에 집중하는 노력이 필요하고 습관적으로 자리 잡도록 평소 훈련이 필요하다. 좋은 친구를 만들고 싶으면 가슴으로 공감하고 가슴으로 친구를 끌어안아야 진정한 친구가 되는 것이다.

남의 약점을 건드리지 않는다

말을 함부로 하는 사람은 고의나 자기도 모르는 사이에 상대의 상처나 약점을 건드리는 경우가 많다. 대화에 있어 이러한 것은 절대 피해야 한다. 누구에게나 남에게 감추고 싶은 비밀이 있다. 역지사지의 생각으로 항상 상대방의 입장에서 말을 해야 한다.

사람을 만날 때 제일 화나게 하는 사람은 남의 자존심을 건드리는 사람이다. 자기 주장만 하고 상대방의 입장을 무시하는 그런 사람은 피하는 것이 좋다.

직설적인 말은 피해야 한다

남의 잘못을 솔직하게 지적하면 악의가 없다고 해도 남에게 좋지 않은 인상을 준다. 상대방을 배려하지 않는 친절함은 오히려 독이 될 수 있다. 남의 잘못을 지적하고 충고할 때는 때와 장소를 가려서 해야 한다. 상대방의 체면이나 자존심을 생각해야 하고 지나친 비판도 절대 금물이다.

상대방과의 적당한 거리가 필요하다

아무리 친하더라도 사람 사이는 적당한 거리가 있어야 한다. 상대방의 개성을 존중해주어야 한다는 것이다. 상대방과의 의견이 다를 때가 많다 친밀한 관계를 오래도록 유지하려면 상대를 위한 배려 관심이 중요한 것이다. 자신의 의견을 무시하고 존중해주지 않는 사람이라면 적당한 거리를 갖는 것이 좋다.

겸손해져라

겸손은 나와 상대가 함께 걸어가기 위한 전제조건이다. 거만한 사람들이 반감을 사는 이유는 상대와 같은 곳을 보지 않기 때문이다. 나는 잘났고 가진 것이 너보다 많다고 자랑하는데 어느 누가 좋아하겠는가? 사람과의 관계에 있어 겸손이 없으면 만남은 이어질 수 없다.

나의 멘토가 될 사람은?

역사적으로 위대한 성공을 한 사람들을 살펴보면 올바른 길의 안내의 역할을 한 멘토들이 있었다. 멘토는 성공의 길로 이끌어주고 평생 쌓아온 인맥을 물려받을 수 있기 때문에 훌륭한 멘토를 만나는 것은 인생에 있어 절반 이상을 성공한 것과 같은 것이다. 따라서 나만의 멘토를 만나기 위해 노력해야 한다. 유비는 제갈공명을 스승으로 모셨고 철학자 아리스토텔레스는 알렉산더 대왕의 스승이었으며 오바마 대통령도

톰 대슐 전 상원의원이 정치적 스승이었으며 헬렌 켈러는 설리번이라는 위대한 스승이 있었다. 직장인에 있어서도 주로 상사가 멘토의 역할을 하고 있으나 상사가 아니라도 멘토의 동료, 파트너가 있을 수 있고 특히 자주 만나는 친구의 사이는 언제나 만나면 편안하게 대해주고 잘못을 지적해주고 격려해주고 어려울 때 도와주는 그런 친구가 멘토인 것이다. 그러면 과연 멘토란 어떤 사람을 말하는 것인가?

진실한 사람이 좋다

친구이던 직장의 선배 상사이던 나에게 좋은 멘토의 역할을 해주는 사람은 능력이나 지혜보다는 진실한 사람이다. 진실한 사람만이 상대의 마음을 움직일 수 있고 진심으로 대할 수 있기 때문이다. 진실하다고 하는 것은 성실함으로 나타난다. 무슨 일이든지 성실하게 한다면 결과가 좋든 나쁘든 문제가 되지 않는다. 남을 속이거나 가식으로 대한다면 일시적으로는 효과가 있을지 모르지만 결국 오래가지는 못한다.

부드러운 사람

부드러움은 가장 강력한 무기이다. 강가에 있는 모가 나지 않고 동그란 자갈은 모진 비바람을 이기고 강하게 흘러내리는 물살을 견뎌서 만들어진 돌이다. 인간관계도 마찬가지다. 힘든 세월 속에서 잘 견디고 인내한 사람이 좋은 인품을 갖고 있는 것이다. 남의 잘못을 용서할 줄 알고 관용을 베풀 줄 알아야 한다. 부드러움은 대인관계를 오래 유지할 수 있다. 사사로운 잘못이나 실수를 이해하고 눈감아 줄 수 있어야 한다.

감사할 줄 아는 사람

모든 일에 감사할 줄 아는 사람이 좋다. 남의 도움을 고맙게 생각 안 하고 당연하게 여기는 사람, 그냥 지나치는 사람은 인간미가 없는 사람이다. 오랫동안 친구 하기가 어려운 사람이다. 매사에 항상 긍정적으로 생각하고 감사할 줄 아는 사람은 주위에 친구가 많다.

긍정적인 사람

항상 긍정적인 생각을 하고 끊임없이 새로운 일에 도전하고 적극적인 사고를 가지고 있는 사람이 좋다. 이런 사람들과 있으면 자신감이 생기고 인생을 낙관적으로 보고 어려운 일에도 용감하게 헤쳐 나갈 수 있는 용기가 생긴다. '길은 잃어도 사람을 잃지 말라'고 했던 마쓰시다 고노스케도 성공적인 대인관계는 만남에 대한 올바른 신념과 지속적인 관심 그리고 긍정적인 태도가 결정된다고 했다.

그러면 긍정적인 사람은 어떤 사람인가?

- 현상에 안주하지 않고 언제나 겸허한 자세로 배우려고 한다.
- 어려움에 처했을 때 포기하지 않고 도전적으로 해결방안을 찾아낸다.
- 비난하지 않고 남을 돕고 격려하려고 노력한다.
- 책임감이 강하고 신뢰할 수 있는 사람이다.
- 자신의 모든 것을 남들과 공유하고 적극적으로 협조하고 타인의 성공을 진심으로 축하한다.

내가 먼저 인사하기

노후 생활에 있어 사회적인 참여는 매우 중요하다. 우리나라 노인들의 자원봉사 참여율은 선진국에 비해 매우 낮다. 내 자신만 생각하는 이기심에서 비롯된 것도 있다. 그동안 직장생활에 바빠 인간관계를 너무도 소홀히 한 점이 많다.

① 내가 먼저 인사하라
② 그동안 만나고 싶었던 사람 전화하고 찾기
③ 경조사에 적극적으로 참여하기
④ 돈에 인색하지 마라
⑤ 항상 깨끗한 인상주기
⑥ 여유 있으면 기부하라
⑦ 봉사의 생활화
⑧ 각종 모임에 적극적으로 참여하기

새로운 친구를 만들어라

친구는 평생 가는 아주 소중한 존재다. 어린 시절부터 대학 시절까지 그리고 군대생활, 직장 생활할 때까지 친구는 늘 새롭게 사귈 수 있다. 중요한 것은 어떤 친구가 당신 옆에 있느냐에 따라 당신이 세상을 바라보는 관점이 달라지고 하는 행동에 변화가 생길 수 있다. 친구는 마음과 마음으로 연결되는 귀중한 사람이다. 반드시 좋은 사람 만나 좋은 관계를 유지해야 한다.

옷은 새 옷이 좋고 친구는 오래된 친구가 좋다. 물론 맞는 말이지만 활기찬 노후를 위해선 새로운 친구를 만드는 것도 중요하다. 사회생활을 하는 시간이 적은 노인들은 새로운 사람을 만나는 기회가 적다. 새로운 사람을 만날기 회가 적으면 소속감이 떨어지는 느낌을 갖는다는 것이다. 어딘가에 소속되어 새로운 사람을 만나면 삶의 의욕을 더 갖게 되는 것이다. 화제가 다른 친구 그룹을 5개 이상 가진 노인은 치매에 걸릴 확률이 낮다는 것이다.

폭넓은 인간관계를 통해 다양한 자극을 받는 것은 고독과 건강문제를 해결할 수 있는 생활만족의 갖는 중요한 원천이 되기 때문이다. 만 60세 이상의 노인들에게 마음을 터놓고 얘기를 나눌 수 있는 친구가 몇 명 있는지 물었을 때 한 명도 없다고 한 사람이 13.3%, 1~2명이 37%, 3~4명이 27%, 5명 이상이 22.7%였다. 나이가 들수록 친구 수가 줄어드는 경향을 보여 64세 이하는 친구가 없다가 5.1%였지만 80세 이상에서는 23.4%가 한 명도 없다고 응답했다. 이처럼 노년에 만날 친구가 없다는 것은 그만큼 외로움과 고독도 커질 수밖에 없다.

어떤 친구가 좋을까?

할 수만 있다면 젊은 사람과 친구가 되는 것도 노년의 인생에 활력소가 된다. 젊은 사람들을 만나면 다양한 자극을 받을 수 있고 뛰어난 정보 감각과 호기심을 보면 젊은 기를 받아 노화방지에도 도움이 된다.

① 건강관리에 도움이 되는 친구가 좋다. 노후의 행복은 경제적인 측

면과 더불어 건강이다. 운동과 식생활 등 건강관리를 잘하고 건강 정보를 많이 알고 있는 친구를 만나는 것만으로도 많은 도움이 되는 것이다.

② 밝은 친구가 좋다. 나이가 들수록 고독과 우울증이 늘어난다. 만날 때마다 불만이 많고 징징거리는 친구보다 매사에 긍정적이고 밝은 친구를 만나면 기분이 좋고 마음도 상쾌해지는 것이다. 긍정적인 마인드를 가진 사람은 치매, 심장병 등에 걸릴 확률을 낮추는 효과도 있고 장수한다는 연구결과도 있다. 인생을 살다 보면 위기에 빠질 때도 많은데 이때 긍정적 마인드를 가진 사람은 즐거운 마음으로 받아들이기 때문에 위기를 잘 극복할 힘이 생긴다.

③ 정보를 많이 가진 친구가 좋다. 요즘의 시대는 정보화 시대이다. 복잡한 이 시대를 사는 데 있어 모든 분야에 걸쳐 지식·정보의 비중이 커지고, 지식·정보의 획득이 자본과 부의 원천으로 되어가고 있다. 이러한 정보 지식을 많이 가지고 있는 친구가 있다.

④ 취미가 같은 친구가 좋다. 특별한 일이 없고 사회적 활동이 줄어드는 노후에는 등산, 자전거, 바둑, 골프, 당구, 여행 등 나와 같은 취미를 가진 친구와 만나야 즐겁고 활기찬 노후를 보낼 수 있다.

⑤ 유머를 지닌 사람이 좋다. 요즘은 재미있고 유머를 가진 사람이 인기를 끄는 세상이 되었다. 어디를 가나 분위기를 압도하는 사람은 인기를 끌고 회사에서도 이러한 사원이 능력을 발휘하고 있고 인정받고 있다. 불굴의 용기와 리더십으로 국민들에게 희망을 불어넣으며 2차 세계대전을 승리로 이끌었던 전쟁 영웅인 처칠 수상은 유머 감각이 뛰어난 사람으로 유명하다. 처칠은 위대한 리더이자 탁

월한 대인관계 능력을 지닌 인물이었고 어려움이 있을 때마다 유머로 정면돌파하여 사람들을 자신의 편으로 만들었다. 처칠의 한 일화를 소개한다.

처칠이 하원의원으로 출마하여 토론회에 참석했을 때 상대편 후보가 인신공격하면서 "처칠은 아침 일찍 일어나지 못하는 게으른 사람이라고 하는데 의원이 될 자격이 없다고 생각합니다"라고 하자 처칠은 "당신도 나처럼 예쁜 아내와 산다면 틀림없이 일찍 일어나지 못할 것이요"라고 대답했다. 청중은 웃음을 터트렸고 처칠은 의원에 당선되었다. 2차 대전 초기 미국은 중립을 선언했는데 독일에게 밀려 전세가 불리했던 영국은 미국의 지원이 절실했고 처칠은 도움을 요청하기 위해 미국으로 건너갔다. 호텔에 도착하여 목욕을 마치고 수건만 두르고 소파에 앉아 있는데 루스벨트 대통령이 사전 연락도 없이 방으로 들어왔다. 처칠이 자리에서 일어나는데 수건이 흘러내려 알몸 상태가 되었다. 처칠은 양팔을 벌려 "보시다시피 영국은 미국 대통령에게 아무것도 숨기는 것이 없답니다"라고 답했다. 처칠의 유머와 성품에 호감을 느끼고 루스벨트는 참전을 결심하고 영국과 미국은 전쟁을 승리로 이끌었다. 좋은 관계를 유지하려면 적극적으로 유머 감각을 키울 필요가 있다.

⑥ 봉사하는 친구가 좋다. 남을 위해 봉사할 수 있는 삶은 정말 멋진 것이다. 고아원, 양로원, 장애인, 독거노인, 말기 환자의 봉사 등 도움을 기다리는 곳은 너무나도 많다. 다른 사람을 위해 봉사하고 헌신하는 삶은 노후의 삶이 더욱 의미 있고 보람을 줄 수 있다.

⑦ 언제든지 만날 수 있는 친구가 좋다. 살다 보면 좋은 일, 안 좋은 일도 있고 고민이 있을 때도 있고 스트레스가 쌓일 때도 있고 무

료할 때도 있다. 그럴 때마다 언제든지 전화하면 부담없이 만날 수 있는 친구, 마음 터놓고 얘기할 수 있는 친구, 그런 친구가 진정한 친구다.

⑧ 가치관이 맞는 친구가 좋다. 사람의 사고방식과 생활 습관은 바꾸기 힘들다. 상대가 나를 좋아하기 때문에 내가 원하는 방향으로 바뀔 것이라고 생각한다면 큰 착오다. 나 역시도 상대방을 좋아하기 때문에 생각과 습관을 바꾸기란 어려운 것이다. 물론 서로 간단한 것 정도는 양보가 되겠지만 습관, 사고방식 자체는 정말 변하기 어려운 것이다. 따라서 자신과 비슷한 가치관이나 생활습관을 가진 사람과 친구 하는 것이 좋다.

지금까지 어떤 친구가 좋은가를 보았는데 가장 좋은 친구는 과연 누구일까? 멀리서 찾지 말고 함께 있는 배우자와 친구가 되는 것이 가장 좋다. 언제 어디서라도 항상 가까이 있고 만날 수 있는 영원한 친구 배우자를 친구처럼 대할 때 노후는 행복할 것이다.

나부터 좋은 친구가 되라

내가 좋은 친구를 만나기 원하는 것처럼 상대방도 좋은 사람을 만나려고 할 것이다. 따라서 나 또한 상대방이 원하는 좋은 사람이 되어야 한다.

① 자신의 강점과 약점을 정확히 분석하자

내가 누구인지 나의 장점은 무엇이고 또한 약점은 어떤 것인지 부족한 점은 무엇인지 알 필요가 있다. 사람들은 자신의 강점은 자랑하고 나타내려고 하지만 약점은 감추려고 한다. 자신 있는 강점을 부각시키는 것도 중요하지만 약점은 보완하려고 꾸준히 노력하고 또한 친구를 만날 때도 내 약점을 보완해줄 수 있는 친구를 찾아야 한다.

② 상대방을 인정하고 알아주자

심리학자 윌리암 제임스는 인간이 가진 본성 중에서 가장 강한 것은 남에게 인정받기를 원하는 것이라고 했다. 사람은 누구나 타인으로부터 인정받고 싶어 한다. 아이들은 부모에게 학생은 선생님에게 직원은 상사로부터 인정받고 싶고 부부도 마찬가지고 친구도 마찬가지다.

인정에 대한 욕구는 모든 사람에게 똑같이 나타나는 현상이고 절대적인 진리다. 성공적인 인간관계 친구와의 절친한 우정을 갖고 싶다면 친구의 약점을 들추지 말고 너그럽게 이해해 주고 내가 먼저 친구를 인정하고 알아주어야 한다. 모든 사람은 나와 다르다. 상대방을 고치려고 하면 안 된다. 오히려 내 것을 고치면 편하다. 어떤 사람도 완전할 수는 없다는 사실을 인정해야 한다. 사람에게 결점이 있는 것은 당연한 일이며 오히려 그래서 신이 아니고 인간인 것이다.

③ 먼저 다가가 소통하라

누군가와 친해지고 싶다면 먼저 다가가야 한다. 인간관계는 거울과 같다. 내가 먼저 웃어야 거울 속의 내가 웃는다. 내가 먼저 그 사람에게 관심을 가져야만 그 사람도 다가온다. 사람들은 대부분 자기중심적이며 타인으로부터 관심을 받기를 갈망하고 있다. 친구에게 사랑받기 위해서는 자기가 먼저 친구를 사랑해야 한다. 친구의 관심을 끌고 싶으면 내가 먼저 친구에게 관심을 표현해라. 우정이나 애정을 얻으려면 받기에 앞서 내가 먼저 주는 자세가 필요하다.

사람은 인간관계에 있어 수동적인 태도일 수 있기 때문에 내가 적극적으로 소통할 때 좋은 친구를 만날 수 있다. 상대방과 교제할 때는 공통의 화재를 먼저 찾아내고 공통의 주제를 통해서 대화를 나누어야 하고 상대방의 말에 맞장구를 치면서 적극적인 경청의 자세를 취하는 것이 중요하다.

④ 진실로 대화하라

모든 사람이 나와 같지 않기 때문에 솔직하고 진실한 자세로 상대방과 대화해야 하고 어려운 일이 있거나 도와줄 일이 있다면 최선을 다하여야만 상대방도 신뢰를 하고 다가올 것이다. 일상에서 접하는 하나하나가 평판을 맞춰 나가는 퍼즐과도 같다. 말과 행동을 하기 전에 다시 한 번 생각하고 진심을 생각해야 한다. '저 친구는 특별한 것도 없는데 어떻게 저렇게 친구들이 좋아하지'라고 생각해 봐야 한다. 진실한 친구가 관계를 빛나게 하고 훌륭한 평판을 낳는다.

방송인 박경림은 마당발로 인맥관리의 달인이라고 잘 알려져 있고 그녀의 결혼식은 연예인, 재계, 정계를 비롯하여 3,000명의 축하객이 참석하여 화제를 일으키기도 했는데 결혼준비에 바쁜 와중에도 지인들에게 직접 찾아다니며 청첩장을 전했다고 하고 신혼 첫날밤에도 참석해준 하객들에게 감사의 전화를 새벽 늦게까지 걸었다고 한다. 그녀는 어떻게 수많은 사람을 자신의 인맥으로 만들었을까? 그녀는 인맥을 관리하는 비법에 대해 이렇게 말한다. "싫어하거나 미운 사람에게는 더 잘한다. 단점에 가려 있을 뿐, 장점이 없는 사람은 없다."

박경림의 인맥 비결에 대해 5가지를 소개한다.

첫째, 첫 만남 때 관심을 나타낸다.

둘째, 만난 사람은 반드시 기억하고 관심을 나타낸다.

셋째, 생일을 반드시 챙긴다.

넷째, 결혼식, 장례식은 꼭 참석한다.

다섯째, 진심으로 대한다.

사람은 형식적이거나 가식적이지 않은 마음이 느껴지면 친구가 되고 싶어 한다. 인간관계는 반드시 진심이 있어야 상대방의 마음을 움직이고 큰감동을 줄 수 있다. 박경림의 폭넓은 인맥을 형성한 비결도 사람을 대하는 것이 '진심'이었기 때문일 것이다.

특징 있는 사람으로 기억되자

필자는 중·고등학교를 다니면서 매년 개교기념일이면 교내 마라톤 대회가 있었고 항상 1, 2, 3등을 했다. 친구들은 나를 '마라톤 맨'으로 기억을 하고 지금도 동창을 만나면 마라톤 얘기를 할 때가 있다. 군입대를 해서도 선착순 1등, 체력단련 훈련에서도 구보 1등이었다. 드디어 진가를 발휘한 것은 회사에 입사하여 매년 사내 체육대회가 열렸는데 운이 좋게도 종목에 마라톤이 있었고 신입사원 첫 해부터 부장 때까지 계속 1등을 한 덕분에, 마라톤은 필자의 특징이 되었다.

많은 사원 사이에서 인기도 있었지만 성과도 인정받아 승진도 잘되었고 임원도 빨리 된 편이었다. 특별한 예능, 운동, 오락 등 본인의 특기를 살릴 수 있는 것이 있다면 조직사회에서는 본인을 나타낼 좋은 기회가되고 이로 인하여 일을 잘할 수 있는 활력소가 될 수 있다.

봉사하는 마음으로 대하라

받는 기쁨보다 주는 기쁨이 더 행복하다고 한다. 그러므로 '기브 앤 테이크'는 '기브 앤 해피'가 되어야 한다. 우리들은 살아가면서 봉사활동을 많이 한다. 고아원, 양로원, 장애인, 독거노인을 방문하여 같이 놀아주고 책도 읽어주고 밥도 먹여주고 목욕도 시켜주고 온갖 정성을 다한 경험들이 있다. 대부분 모르는 사람들이다.

지금부터 내가 가까이하면서 자주 만나는 친구들에게 이런 봉사하는 마음으로 대한다면 정말 좋은 친구가 될 것이다. 우리가 타인에게 베풀면 하늘이 그것을 기억해 어떤 식으로든 베푼 사람에게 행운을 준다. 그것은 물질적인 것이 될 수도 있겠지만 '좋은 사람'으로 나타나는 경우가 많다. 봉사하는 마음으로 진심으로 대할 때 친구는 다시 좋은 친구로 나에게 다가오는 것이다.

친구가 많으면 장수한다

친구와의 친밀한 관계는 건강에 많은 영향을 주는 것으로 되어 있다. 호주연구팀이 70세 이상 노인 1,477명을 10년간 추적 조사한 결과 교우관계가 가장 좋은 노인은 그렇지 않은 노인에 비해 22% 더 오래 살았다는 것이다. 외롭고 힘들 때 대화할 상대를 언제든지 만날 수 있는 친구가 옆에 있으면 정신적으로 많은 의지가 되고 힘이 된다.

우리는 인생을 살아가면서 수많은 사람들을 만난다. 배우자, 가족, 친구, 이웃, 직장, 친목회 등 많은 인간관계를 하면서 도움을 받고 그들에게 영향을 받으면서 살아간다.

그들 중에서 내가 선택할 수 없는 부모도 있지만 배우자나 친구처럼 내가 선택할 수 있는 사람도 있다. 자신에게 도움이 되지 않는 사람을 만나 부정적인 에너지를 얻어 운명을 더 힘들게 하는 경우도 있고 좋은 사람을 만나 좋은 에너지를 얻는 경우도 있는데 이것이 인간관계의 가장 중요한 원칙이다. 빨리 갈려면 혼자 가고 멀리 갈려면 함께 가야 한다는 말이 있다. 평생을 함께 갈 친구들을 많이 만나야 한다. 우리는 살면서 많은 사람과 두루 잘 지내면서 좀 더 많은 사람들과 인맥을 쌓기 위해 노력하라는 말을 자주 하지만 성공한 사람들은 자신에게 꼭 필요한 사람들과 좋은 관계를 맺기 위해 노력하는 사람들도 많다.

누구나 타인과 관계를 맺고 살아가는데 자신 외에 아무도 없다면 그것은 무인도에 혼자 있는 것과 마찬가지일 것이다. 어린 시절에 만나는 사람, 학창시절에 만나는 사람, 직장에서 만나는 사람, 많은 사람을 만나면서 내가 도움을 주는 경우도 있고 그들에게 도움을 받는 경우도 있고 모두가 함께 성장하는 것이라야 좋은 관계가 오래갈 수 있다. 그러나 인생을 살아가면서 "저 사람은 정말 좋아, 나하고 딱 맞는 사람이야"할 수 있는 사람을 만나기란 쉽지 않다. 친밀한 듯 느껴지지만 속내는 그렇지 않고 이해 관계로 묶인 경우도 있는 것이다. 사람은 공존한다.

인생 100세 시대가 다가오고 있다. 100세 시대는 이제는 그냥 기대수명이 아니고 우리 모두가 자신들이 앞으로 경험할 일이다. 과거에는 환갑이 넘으면 '이제 인생마무리를 할 준비를 해야지' 하고 고향도 찾고 만날 사람도 만나고 못 다한 일도 마무리를 한다고 했는데 평균수명이 20년이 늘어난 요즘은 팔순을 넘어가면 과거를 되돌아보면서 이제 남은 인생 마무리를 잘해야지 하면서 인생의 착륙을 준비하는 사람들도 있다.

그러나 100세 시대를 맞이하면서 이러한 생각들도 바뀌어야 한다. 이제 은퇴를 맞이하는 사람들은 지금부터 보람 있고 가치 있는 일을 하면서 사회에 봉사하고, 다시 재이륙을 하여 멋진 비행을 할 준비를 해야 한다. 이제는 사회적인 구조도 개인적인 삶을 비롯해 사회, 경제, 문화 등 모든 시스템이 100세 시대에 맞춰져야 한다. 그리고 다가오는 변화를 직시하고 내 자신도 적극적으로 준비하는 자세가 필요하다. 지금까지 서술한 5가지는 어느 것 하나라도 중요하지 않은 것이 없다. ① 건강관리, ② 배우자와의 관계, ③ 연금준비, ④ 가치 있는 일, ⑤ 원만한 친구 관계를 직장 생활하는 동안 미리미리 준비하면서 행복한 노후의 삶을 기다려야 한다.

이 세상 모든 사람은 건강하고 싶고 공부 잘해서 좋은 학교에 가고 싶고 돈 많이 벌어 부자가 되고 싶지만 모든 것은 생각한다고 되는 것이 아니다. 실행을 해야만 이루어지는 것이다. 돈은 많은데 건강이 좋지 못해 노후 내내 병원 신세를 지는 신세라면 행복할 수가 없고 건강하더라도 매월 월급처럼 쓸 수 있는 연금이 부족하면 생활하고 인간관계를 유지하는데 어려움이 많아 즐거운 인생이 될 수가 없다. 그러나 영원한 친구인 배우자와의 관계가 원만하고 평생토록 할 수 있는 일이 있다면 이것이야 말로 미리 누리는 천국이라고 필자는 얘기하고 싶다.

아무쪼록 '노후를 기다리는 삶'이 모든 독자에게 준비하는 노후, 즐거운 노후를 보내는 밑거름이 되어 지금까지보다는 훨씬 아름다운 인생이 되기를 간절히 기원한다.